N° 106

SÉNAT

SESSION 1890.

ANNEXE AU PROCÈS-VERBAL DE LA SÉANCE DU 24 JUIN 1890

RAPPORT

FAIT

Au nom de la Commission des finances chargée d'examiner le projet de loi, ADOPTÉ PAR LA CHAMBRE DES DÉPUTÉS, *concernant : 1° l'***ouverture et l'annulation de crédits** *sur l'exercice 1890; 2° l'***ouverture de crédits spéciaux** *d'exercices clos et périmés ; 3° l'***ouverture et l'annulation de crédits** *afférents aux budgets annexes rattachés pour ordre au budget général de l'État.*

PAR M. ERNEST BOULANGER

SÉNATEUR

PARIS

P. MOUILLOT, IMPRIMEUR DU SÉNAT

Palais du Luxembourg

1890

N° 106

SÉNAT

SESSION 1890

Annexe au procès-verbal de la séance du 24 juin 1890.

RAPPORT

FAIT

Au nom de la Commission des finances[1] *chargée d'examiner le projet de loi*, ADOPTÉ PAR LA CHAMBRE DES DÉPUTÉS, *concernant : 1° l'***ouverture et l'annulation de crédits** *sur l'exercice 1890 ; 2° l'***ouverture de crédits spéciaux** *d'exercices clos et périmés ; 3° l'***ouverture et l'annulation de crédits** *afférents aux budgets annexes rattachés pour ordre au budget général de l'État*,

PAR M. ERNEST BOULANGER

Sénateur.

MESSIEURS,

Dès les premiers jours de l'année 1890, le Gouvernement déposait à la Chambre des Députés un projet de loi

---

(1) Cette Commission est composée de MM. Émile LOUBET, *Président;* Ernest BOULANGER, BARDOUX, *Vice-Présidents;* PAULIAT, DE VERNINAC, CHARDON, *Secrétaires;* LE CHERBONNIER, Jules GUICHARD, BÉRAL, ROGER, CUVINOT, Émile LENOEL, Adolphe COCHERY, DAUPHIN, GOUIN, GUYOT, CABANES, MARGAINE.

(Voir les nos 66-69, Sénat, session 1890, et 307-425-500, — 5e législ. — de la Chambre des Députés.)

collectif portant ouverture de crédits additionnels applicables à cet exercice et s'élevant au chiffre de 28.803.599 fr. 79.

L'importance de ces crédits, qui détruisait l'équilibre du budget le lendemain du jour où il avait été si laborieusement établi, provoqua, vous vous en souvenez, une réelle émotion au Parlement.

Le projet fut renvoyé au Gouvernement avec invitation d'écarter toutes les demandes qui ne « correspondraient pas « à des besoins imprévus ou à des lois nouvelles dont l'exé- « cution ne pourrait être retardée ». A la suite d'un nouvel examen, les propositions furent réduites d'une somme de 7.629.140 fr. 66 et ramenées au chiffre définitif de 21 millions 274.459 fr. 13.

C'est le chiffre qui a été voté par la Chambre des Députés et sur lequel le Sénat est appelé à délibérer.

L'examen que nous avons fait de ces divers crédits nous a inspiré plusieurs observations.

La première, c'est que parmi les dotations nouvelles reconnues nécessaires, il en est encore de trop nombreuses et de trop importantes qui résultent de véritables imprévisions primitives. Votre Commission s'est souvent élevée contre cette pratique fâcheuse qui consiste à demander dans la loi de finances, notamment pour les services votés, des crédits qui sont manifestement inférieurs aux besoins réels de l'exercice. Nous constatons avec satisfaction que notre sentiment est aujourd'hui partagé par la Commission du budget de la Chambre des Députés, à laquelle revient en premier ordre la mission de discuter les crédits budgétaires. Nous espérons que dorénavant il ne sera plus imposé à ces crédits, par un désir d'économies temporaires, des réductions qui se traduisent ultérieurement par des crédits supplémentaires.

La seconde observation, c'est qu'une partie très notable des crédits qui vous sont demandés proviennent de l'application en 1890 de lois votées antérieurement sur des matières d'intérêt général. Ils dépassent dix millions. Vous ne pouvez pas vous refuser aujourd'hui au payement de ces dépenses dont le principe a été voté. Mais il ne sera peut-être pas hors de propos d'exprimer ici le désir que, dans l'examen de toutes ces lois qui ont une répercussion sur les dépenses publiques, le Parlement se préoccupe davantage de leurs effets financiers et se fasse exactement renseigner sur ces conséquences, avant d'émettre son vote.

Une troisième remarque concerne les annulations et les reports de crédits. On constate que dans certains services les reports et les annulations correspondantes atteignent une proportion trop élevée. La cause en est souvent que les administrations font engager au Parlement, à l'aide d'une demande du crédit entier, une dépense qu'elles savent ne pouvoir être faite complètement pendant le cours de l'exercice et dont elles obtiennent plus facilement ensuite le report. Ce n'est pas là un procédé de bonne gestion financière. On doit s'attacher à ne jamais demander de crédits supérieurs aux besoins réels de l'exercice. Ces annulations et ces reports troublent la comptabilité et peuvent altérer la physionomie de l'exercice, en y faisant figurer des prévisions de dépenses qui ne lui appartiennent pas.

Votre Commission a examiné avec un soin très attentif chacune des propositions qui vous sont soumises. Elle s'est inspirée, dans son travail, des principes qui ont toujours été la règle de sa conduite et que le rapport de la Commission du budget de la Chambre a nettement rappelés : à savoir qu'il convient de n'introduire dans les crédits supplémentaires actuellement demandés, que les dépenses se rapportant à des besoins imprévus ou à des lois dont l'exécution ne peut être retardée. C'est en se fondant sur ce principe que nous vous proposons le rejet ou l'ajournement de dotations montant à 950.190 francs qui peuvent avoir une utilité réelle, mais qui ne rentrent pas dans la catégorie précise des dépenses dont il s'agit.

Les crédits que nous vous demandons de voter sur l'exercice 1890 s'élèvent, savoir :

Ressources générales du budget. .	18.187.448 fr. 13
Ressources exceptionnelles	2.725.274 10
Total.	20.912.722 fr. 23
Les annulations proposées sont de.	605.500
Reste pour la charge réelle de l'exercice.	20.306.722 fr. 23

TITRE PREMIER

Exercice 1890.

Budget ordinaire.

I. — CRÉDITS A OUVRIR. . . . . 20.174.269 fr. »

MINISTÈRE DES FINANCES

CHAPITRE 30. — *Traitements viagers des membres de la Légion d'honneur et des médailles militaires* . . . . 4.000 fr.

En 1889, la Commission du budget de la Chambre des Députés, croyant réaliser une économie, avait réduit de 2.000 francs le crédit prévu par l'Administration pour le prix de la viande nécessaire à la succursale des Loges. Cette réduction n'a pas pu être maintenue, et le Sénat a accordé, après la Chambre des Députés, un crédit supplémentaire de 2.000 francs au titre de l'exercice 1889. (Rapport de la Commission des finances du 23 mai 1889.)

Dans le budget de 1890, le Gouvernement avait inscrit une prévision de 4.000 francs pour le même service. La Commission du budget de la Chambre, croyant encore faire une économie, a réduit cette prévision de 1.000 francs. Cette nouvelle réduction n'a pas pu être plus maintenue que la diminution de 1889. La fourniture de la viande a même été adjugée pour 1890 à un chiffre supérieur à celui de 1889 (1 fr. 70 le kil. au lieu de 1 fr. 53). La majoration appliquée à la consommation annuelle se traduit par un supplément de dépense de 2.400 francs qu'il est impossible de ne pas acquitter.

En outre, à la suite de l'épidémie d'*influenza* qui a sévi dans la maison, le service médical a dû augmenter la ration de viande des convalescents, et il en est résulté un nouveau surcroît de dépenses de 1.600 francs qui était imprévu et qui ne pouvait être évité.

Votre Commission vous propose d'allouer le crédit de 4.000 francs, en faisant remarquer, une fois de plus, combien sont regrettables ces économies fictives qui ont pour unique résultat de diminuer les prévisions budgétaires.

Ce crédit de 4.000 francs est corrélatif d'un crédit d'égale somme demandé d'autre part au budget annexe de la Grande Chancellerie de la Légion d'honneur.

CHAPITRE 46. — *Personnel de l'Administration centrale du Ministère* . . . . 89.900 fr.

I. — Une loi du 23 décembre 1889 avait accordé à l'Administration des finances, au titre de l'exercice 1889, un crédit supplémentaire de 48.500 francs pour travaux extraordinaires à la Dette inscrite et au contrôle.

Les nombreux vides occasionnés dans le personnel par l'*influenza* n'ont permis d'employer qu'une partie du crédit et on a dû remettre à 1890 le surplus des travaux. C'est pourquoi, sur notre proposition, le Sénat a annulé récemment la somme restant disponible de 39.900 francs, sauf report à l'exercice 1890. (Rapport du 29 mai 1890).

Nous vous demandons aujourd'hui d'autoriser ce

report, en ouvrant un crédit supplémentaire de somme égale au titre de l'exercice 1890.

II. Par suite de réductions excessives imposées pour réaliser des économies dans les prévisions budgétaires aux crédits du personnel de l'Administration centrale des finances, il est devenu impossible, en 1889, de faire aux agents secondaires la répartition habituelle des gratifications qui sont attribuées, suivant l'usage, à tous les agents similaires des autres départements ministériels.

Nous avons dû, dans un rapport du 21 janvier 1890, vous proposer, en conséquence, d'approuver un crédit supplémentaire de 50.000 fr. accordé par la Chambre. Et à cette occasion, nous avons examiné, en principe, la question des gratifications dont la répartition a donné lieu à des abus regrettables. Nous espérons que le Gouvernement aura retenu ces critiques et qu'il veillera, pour le budget de 1891, à ce que les agissements signalés par votre Commission ne se reproduisent plus.

Quoi qu'il en soit, le budget de 1890 a été préparé, en ce qui concerne le chapitre 46, sur les mêmes bases que celui de 1889. Il renferme donc la même insuffisance pour les gratifications. Les raisons qui ont déterminé le Sénat à allouer la dotation complémentaire de 50.000 francs en 1889 ne peuvent que le déterminer à l'accorder aussi pour 1890.

On devra veiller à ce que, pour 1891, les crédits primitifs soient relevés dans une suffisante proportion pour éviter la demande d'un crédit supplémentaire.

CHAPITRE 79 *bis.* — *Dérasement des fortifications de Calais* . . . . 78.571 fr. 81

Cette somme forme le reliquat non employé, en 1889, d'un crédit primitif de 88.571 fr. 81 alloué au titre de l'exercice 1889 pour continuer les travaux de dérasement des fortifications de Calais.

L'annulation en a été prononcée en 1889, conformément aux conclusions de notre rapport du 29 mai 1890. (Loi du 30 mai 1890.)

Afin de terminer les travaux, il y a lieu de reporter le disponible de 78.571 fr. 81 à l'exercice 1890 par voie d'ouverture de crédit supplémentaire.

CHAPITRE 79 *ter*. — *Nivellement des fortifications déclassées de Lyon*. . . . . 190.000 fr.

Une loi du 29 mai 1889 a ouvert à l'Administration des domaines un crédit de 650.000 francs pour les travaux de nivellement des terrains déclassés des fortifications de Lyon, lesquels doivent être vendus au profit du Trésor afin que le prix serve à compenser les dépenses de construction de nouveaux forts autour de la ville.

Diverses circonstances ont retardé jusqu'à présent l'exécution complète de cette entreprise. Il n'a pu être employé en 1889 qu'une somme de 460.000 francs sur le crédit primitif. L'excédent a été annulé par la loi du 31 mai 1890. Le report doit en avoir lieu sur l'exercice 1890 pour terminer le nivellement qui doit précéder la vente.

Nous vous proposons de l'accorder.

CHAPITRE 83. — *Personnel de l'Administration des douanes* . . . . 110.000 fr.

Le crédit du personnel de l'Administration des douanes a subi depuis plusieurs années, à la Chambre des Députés, une réduction importante fondée sur le produit probable des vacances d'emplois dont le Trésor devait bénéficier en cours d'exercice.

Cette diminution s'était élevée pour 1889 à 210.000 fr. Mais les faits accomplis ont démontré qu'elle avait été calculée d'une manière excessive, car vous avez dû, par la loi du 23 décembre 1889 (Rapport de la Commission des finances du Sénat du 26 novembre 1889), accorder un crédit supplémentaire de 100.000 francs destiné à parfaire les traitements acquis aux agents.

Cependant la même réduction excessive de 210.000 fr. a été reproduite au budget de 1890, sans que le Gouvernement, éclairé cependant par l'expérience, ait demandé le relèvement du crédit au Sénat. Or, il est dès maintenant certain que les vacances d'emplois de 1890 ne seront pas plus nombreuses qu'en 1889, puisque le crédit des retraites est sensiblement égal. Aussi la Chambre a-t-elle dû allouer, au titre de l'exercice 1890, un autre crédit supplémentaire de 110.000 francs destiné à ramener à 100.000 francs la réduction pour vacances d'emplois.

Nous ne pouvons que vous demander d'élever également ce crédit. Mais nous sommes frappés de ce fait que la même réduction excessive de 210.000 francs pour vacances d'emplois se retrouve dans les prévisions du budget de 1891. Comme il n'y a aucune raison de penser que les vacances seront plus nombreuses en 1891 qu'en 1889 et en 1890, nous invitons le Gouvernement à rectifier les propositions du projet de budget en cours d'exercice.

CHAPITRE 85. — *Dépenses diverses de l'Administration des douanes* . . . . 120.000 fr.

La loi de finances de l'exercice 1889 a alloué une somme de 50.000 francs, pour « condamnations et frais judiciaires « à la charge de l'État, primes pour arrestations de frau-« deurs et frais de saisies non recouvrables ». (Art 7 du chap. 85.)

Ce crédit était tout à fait insuffisant.

Ainsi que nous l'avons indiqué dans notre rapport du 21 janvier dernier, l'impulsion donnée à la répression de la contrebande et la surveillance rigoureuse appliquée à l'importation des vins factices ont multiplié le payement et le montant des primes dues aux agents. Un premier crédit supplémentaire de 50.000 francs a été alloué par la loi du 29 mai 1889. L'Administration en a demandé un autre de 120.000 francs pour compléter le payement des droits acquis au titre de l'exercice 1889. Mais sa demande, parvenue tardivement au Sénat, n'a pas pu être comprise parmi les crédits de l'exercice 1889, dont la clôture était alors expirée. Elle la reproduit au titre de l'exercice 1890, sur lequel l'ordonnancement aura lieu, conformément aux règles de la comptabilité.

Ce crédit doit être accordé.

Nous ferons ici la même remarque qu'au sujet du crédit précédent : à savoir que les prévisions de 1891 ont été calculées sur un chiffre de 50,000 francs seulement, alors que l'insuffisance en paraît manifestement démontré par les résultats des exercices antérieurs.

CHAPITRE 108. — *Remboursements sur produits indirects et divers en Algérie*. . . . . 21.525 fr. 98

Par trois arrêts en date du 7 juin dernier, le Conseil d'État, statuant au contentieux, a accordé à la Société anonyme des mines de Kef-Oum-Theboul, un dégrèvement de 21.525 fr. 98 sur les redevances proportionnelles des années 1883, 1884 et 1885.

D'après les renseignements pris par M. le Gouverneur général de l'Algérie, cette somme a été effectivement versée par la Compagnie à la recette de la Calle ; il y a donc lieu de la lui rembourser.

Le crédit inscrit pour *remboursement de droits et de taxes indûment perçus en Algérie* ne s'élevant qu'à 6.500

francs, on demande le crédit nécessaire pour exécuter les décisions du Conseil d'État.

CHAPITRE 108. — *Répartition des produits du séquestre entre les intéressés des incendies des forêts de l'Algérie* . . . . 10.543 fr.

Cette demande de crédit n'est pas nouvelle. Elle a été présentée au Sénat dans un projet de loi du 21 novembre 1889, sur lequel nous avons formulé, dans un rapport du 21 janvier dernier, des observations qui en précisent l'objet et qu'il suffira de reproduire pour justifier la nécessité des crédits.

« A la suite des incendies des forêts survenues en 1877, les tribus des Ouled Bechia et Beni Salah et le douar de l'oued Gondi ont été frappés de séquestre collectif par arrêté du Gouverneur général de l'Algérie du 4 mai 1878.

« .Ces tribus et douar ont été admis à se racheter des effets du séquestre en abandonnant à l'Etat les deux cinquièmes de leur avoir mobilier et immobilier. Une loi du 4 décembre 1884 a décidé que les versements faits ou à faire au titre des produits du séquestre seront mis à la disposition du Ministre des Finances et attribués jusqu'à concurrence de 494.668 fr. 15 à la réparation du préjudice causé aux particuliers victimes des incendies. Cette somme doit être payée aux ayants droit au fur et à mesure des recouvrements opérés par l'Administration.

« La plupart des indigènes ont racheté le séquestre dans les conditions de l'arrêté du 4 mai 1878. Le total des produits réalisés en conséquence s'élève, déduction faite des non-valeurs, à la somme de 481.246 fr. 91 répartis entre les intéressés.

« Mais quelques autres indigènes ont refusé de consentir au rachat et le séquestre a suivi son cours à leur égard. Conformément aux dispositions de l'article 28 de l'ordonnance du 31 octobre 1845, les immeubles séquestrés ont dû être réunis définitivement au domaine de l'Etat. Cette réunion a été prononcée par trois arrêtés du Gouverneur général de l'Algérie, en date des 14 septembre 1880, 11 juillet 1887 et 16 juillet 1888 régulièrement publiés.

« Le Gouvernement a demandé alors l'ouverture d'un crédit supplémentaire de 10.543 francs qui lui permette de compléter la répartition (sous la déduction des non-valeurs) de la somme de 494.668 fr. 15 promises aux victimes des incendies par la loi du 4 décembre 1884. Ce crédit représente la somme pour laquelle les immeubles originairement séquestrés sur les indigènes dissidents avaient été compris dans l'évaluation des produits à provenir du rachat du séquestre, rachat que l'on croyait assuré. Le rachat n'ayant pas eu lieu, la loi du 4 décembre 1884 ne saurait recevoir son exécution directe, puisque les produits ne sont pas réalisés. Mais les considérations d'équité qui ont inspiré cette loi s'appliquent également au cas alors imprévu de l'inexécution du séquestre et de la réunion des immeubles entiers au domaine de l'Etat. Il est juste de faire profiter les intéressés du surcroît de la valeur pour laquelle ces biens étaient entrés dans le calcul de l'indemnité totale de 494.668 fr. 15 à eux allouée. C'est pour obtenir ce résultat et tenir lieu, par conséquent, de la recette qui aurait dû être effectuée au titre des fonds de concours, si le rachat avait eu lieu, que le Gouvernement a déposé sa demande de crédit. Il affirme que la valeur des biens séquestrés est de beaucoup supérieure à la somme demandée.

« Votre Commission des finances n'a reçu que tardivement les justifications qu'elle avait demandées aux services compétents pour lui permettre d'apprécier exactement la situation. Ces justifications lui ont été produites à la date du 9 janvier dernier. Elle vous proposerait donc, sans hésitation, de voter le crédit qui terminera la liquidation de l'opération, si ce crédit pouvait encore être utilisé au titre de l'exercice 1889. Mais cet exercice étant clos pour les remboursements de l'espèce (Règlement du 26 décembre 1866, art. 13), l'Administration devra représenter sa demande au titre de l'exercice 1890. »

C'est cette demande qui revient devant le Sénat et que la Chambre a adopté.

Nous vous proposons de l'accueillir également.

MINISTÈRE DE LA JUSTICE ET DES CULTES

1re SECTION. — **Service de la Justice.**

CHAPITRE 3. — *Personnel du Conseil d'État*. . . 4.000 fr.

La loi de finances de l'exercice 1890 a alloué, parmi les crédits du personnel du Conseil d'Etat, une somme de 38.000 francs pour 19 auditeurs de 2e classe, recevant un traitement légal de 2.000 francs (Loi des 23 mars et 22 décembre 1880).

Au mois de janvier 1890, deux nouveaux auditeurs ayant acquis un an de service ont eu droit à ce traitement.

Le crédit budgétaire applicable à ces articles a paru devoir être augmenté de 4.000 francs par la Chambre. Mais nous avons reconnu que la situation s'est modifiée depuis la demande du Gouvernement. Des mutations survenues dans le personnel du Conseil d'Etat laissent à l'Administration des disponibilités suffisantes pour assurer le service du chapitre 3 sans allocations supplémentaires.

D'accord avec le Gouvernement, nous vous proposons, en conséquence, de ne pas ratifier le vote du crédit, devenu inutile.

Chapitre 13. — *Personnel de la justice française en Algérie* . . . . 5.200 fr.

Un décret du 20 juillet 1889, rendu en Conseil d'Etat, a créé au Télagh (département d'Oran), dans le ressort du tribunal de 1re instance de Sidi-bel-Abbès, une justice de paix devenue indispensable depuis la remise au pouvoir civil des territoires composant la circonscriptien militaire de Daya.

Cette création engage une dépense annuelle de . . . . 5.200 fr.

montant du crédit supplémentaire demandé, savoir :

Un juge à compétence étendue (traitement de 4e classe à titre personnel).	2.700
Un greffier	1.000
Un interprète	1.500
Total égal	5.200 fr.

La loi de finances du 24 juillet 1889 a déjà sanctionné cette dépense, en allouant un crédit supplémentaire de 2.600 francs pour les deux derniers trimestres de ladite année. (Rapport de la Commission des finances du Sénat du 9 juillet 1889.)

Nous vous proposons d'allouer le crédit. Il est compris dans les prévisions du budget de 1891.

2e SECTION. — **Service des Cultes.**

CHAPITRE PREMIER. — *Personnel des bureaux des cultes* . . . . 20.000 fr.

Le service des Cultes est un de ceux dont les cadres et par conséquent les crédits du personnel de l'Administration centrale ont éprouvé depuis quelques années les réductions les plus sensibles. La dotation du chapitre 1er s'élevait avant 1888 à 252.800 francs. Elle n'est plus que de 205,000 francs en 1890. Des suppressions nombreuses d'emplois ont été la suite nécessaire de ces réductions de crédits. Il y avait autrefois trois chefs de division, ils ont disparu; il y avait huit bureaux, on n'en compte plus que sept. Le service réglementaire des sous-chefs, employés et garçons de bureau, tel qu'il est déterminé par le décret du 18 avril 1887, n'est pas atteint. En outre, ainsi que nous l'avons fait déjà remarquer au Sénat dans notre rapport du 21 janvier 1890, le service des Cultes est le seul dans lequel il n'a pas été distribué de gratifications pendant les trois dernières années.

Ces réductions de crédit et de personnel ont imposé à l'Administration centrale un surcroît de travail auquel le zèle de tous les agents, stimulés par une intelligente et ferme direction, a permis de suffire jusqu'à présent. Mais l'application récente de la loi sur le recrutement vient d'augmenter les opérations des bureaux dans une proportion considérable. Nous nous en sommes convaincus par l'examen même des affaires à instruire. Il serait impossible de continuer à assurer le service dans les mêmes conditions budgétaires, sans laisser en souffrance de graves intérêts. D'un autre côté, l'État ne peut pas abandonner, sans encouragement et sans l'espoir d'un avancement normal, des agents qui accomplissent une mission d'ailleurs délicate et méritent la sollicitude du Parlement au même degré que leurs collègues des administrations publiques.

C'est pour obtenir ce résultat que le Gouvernement a demandé, par un projet de loi spécial du 12 décembre 1889, l'allocation d'un crédit supplémentaire de 20.000 francs au titre de l'exercice 1890. La Chambre des Députés l'a voté sur les propositions de la Commission du budget. Nous ne pouvons que vous proposer de l'accorder également.

CHAPITRE 2. — *Matériel des bureaux des Cultes.* 1.500 fr.

Ce crédit est destiné à payer la dépense imprévue des imprimés nombreux nécessités par l'exécution de la loi sur le recrutement.

MINISTÈRE DE L'INTÉRIEUR

1re SECTION

CHAPITRE PREMIER. — *Traitement du Ministre, traitements et indemnités du personnel de l'Administration centrale* . . . . 8.600 fr.

Un décret du 20 octobre 1888 a prescrit certaines mesures de surveillance relatives au séjour des étrangers en France. Ce service a pris de grands développements. Le personnel qui en avait été chargé au début est devenu tout à fait insuffisant, et le Gouvernement déclare qu'il est impossible de le renforcer par des agents pris dans les cadres actuels de l'Administration centrale.

La nécessité s'impose donc de créer de nouveaux emplois. Le Ministre demande un rédacteur et deux expéditionnaires dont le traitement moyen est de 8.600 francs.

Votre Commission s'est convaincue de cette nécessité. Elle vous propose d'accorder le crédit.

Le Gouvernement a déclaré, dans les motifs du projet de loi du 27 janvier 1890, qu'il inscrirait le crédit nouveau dans les prévisions du budget de 1891. Cet engagement a été tenu.

CHAPITRE 2. — *Matériel et dépenses diverses de l'Administration centrale*. . . . . 15.000 fr.

Les dépenses de ce chapitre ont suivi depuis 1884 les variations suivantes :

ANNÉES	CRÉDITS DEMANDÉS	CRÉDITS ALLOUÉS	DÉPENSES réelles.	CRÉDITS supplémentaires votés.	OBSERVATIONS
	francs.	francs.	francs.	francs.	
1884.	360.000	360.000	359.860	»	
1885.	360.000	340.000	339.954	»	
1886.	340.000	325.000	324.967	»	
1887.	310.050	294.000	293.843	»	
1888.	294.000	275.000	292.173	16.744	(1) Y compris 11.400 fr. transférés du Ministère du Commerce par le décret du 12 janvier 1889, pour le service de l'hygiène.
1889.	286.400 (1)	286.400	333.333	46.933	
1890.	286.400	286.400			

Il en résulte que, pendant cette période, les dotations du chapitre du matériel ont été réduites par le Parlement d'une somme de 85,000 francs, mais que, pendant les deux derniers exercices, il a fallu compléter les crédits primitifs par des allocations de 16.744 francs et de 46.933 francs.

Le crédit voté en 1890 étant égal à celui de 1889, qui a été reconnu insuffisant, et les besoins du service n'ayant pas diminué, il paraît certain que l'allocation ne pourra pas couvrir toutes les dépenses réelles.

Le principe du crédit supplémentaire ne semble donc pas contestable.

Quel en doit être le montant?

Le Gouvernement l'avait fixé à 36.000 francs d'après le tableau qui suit :

DÉSIGNATION DES DÉPENSES	MONTANT des CRÉDITS votés pour 1890.	DÉPENSES au 31 décembre 1889.	CRÉDITS DEMANDÉS pour 1891.
	fr. c.	fr. c.	francs.
Chauffage	43.000 »	45.173 55	46.000
Éclairage	25.000 »	35.707 31	34.000
Fournitures de papeterie	30.000 »	39.082 96	39.000
Impressions et autographies	34.400 »	35.833 14	39.400
Analyse des Conseils généraux	»	6.000 »	»
Achats d'ouvrages, reliures, etc.	11.000 »	9.946 50	11.000
Service intérieur, salaire, habillement, etc.	71.000 »	67.948 23	71.000
Mobilier	18.000 »	24.565 72	22.000
Bâtiments et téléphones	26.000 »	29.817 45	27.000
Estafettes, timbres-poste, voitures	12.000 »	20.238 35	17.000
Médailles	16.000 »	19.000 »	16.000
TOTAL du crédit	286.400 »	333.333 21	322.400
TOTAL des dépenses	333.333 21		
INSUFFISANCE comblée par le vote d'un crédit supplémentaire	46.933 21		
CRÉDIT voté pour 1890			286.400
AUGMENTATION			36.000

La Commission du budget de la Chambre a réduit cette demande à 15.000 francs par le motif « qu'il n'est pas opportun d'encourager l'accroissement des dépenses de cette « nature ». Nous pensons, en effet, qu'il n'est pas impossible de réaliser ce chiffre d'économies sur certains articles du chapitre. On peut s'étonner, par exemple, que d'une année à l'autre le crédit des estafettes, timbres-poste et voitures se soit élevé de 12 à 20.000 francs. Ce service a besoin d'être très rigoureusement surveillé. Il en est de même de celui du mobilier, qui présente pour un seul exercice une majoration de 6.000 francs, et de celui de l'éclairage, élevé de 25 à 36.000 francs pendant l'année 1889.

Votre Commission des finances se joint à la Commission du budget de la Chambre pour insister sur la nécessité pour l'Administration de se renfermer strictement en 1890 dans les limites de la dotation totale de 301.400 francs (286.400 + 15.000 fr.) qui lui est allouée.

Les prévisions du budget de 1891 ont été augmentés de 30.000 francs.

CHAPITRE 9. — *Entretien des tombes militaires.* (Loi du 4 avril 1873.) . . . . 20.000 fr.

Le monument élevé sur l'emplacement de la bataille de Champigny, et où reposent les restes des soldats tués dans cette bataille, est dans un état de dégradation qui nécessite des réparations urgentes. Cette situation résulte de la déclivité et de la mobilité du sol argileux sur lequel le monument est construit ; un glissement s'est produit qui tend à disjoindre la partie inférieure de l'édifice et à le séparer du reste, non sans compromettre la solidité de l'édifice tout entier. De plus le monument est enfoui en parti dans le sol environnant et il en résulte une humidité constante qui désagrège les voûtes et aggrave encore le mauvais état dans lequel il se trouve aujourd'hui.

Pour remédier à cet état de choses, deux sortes de travaux sont nécessaires : 1° la construction, extérieurement à la partie inférieure de l'édifice, de contreforts en béton qui iraient au moyen de puits chercher un fond solide et empêcheraient, à l'avenir, tout nouveau glissement de se produire ; 2° l'établissement, tout autour du monument, d'une tranchée qui l'isolerait du sol voisin et le mettrait à l'abri des infiltrations et de l'humidité dont il a déjà tant souffert. Ce dernier travail nécessiterait l'achat, tout autour du monument, d'une bande de terrain suffisante pour assurer son isolement et sa protection.

Ces travaux entraîneraient une dépense bien supérieure au faible crédit inscrit chaque année au budget pour l'entretien des tombes militaires ; mais, comme ils sont nécessaires pour assurer la conservation d'un monument qui a coûté 259.000 francs et qui est précieux au patriotisme français, à cause des grands souvenirs qu'il évoque et qu'il glorifie, le Ministre de l'Intérieur n'hésite pas à demander, pour pouvoir les faire exécuter, un crédit supplémentaire de 20,000 francs sur l'exercice 1890.

Nous vous proposons d'ailleurs ce crédit, en faisant remarquer que l'Administration aurait dû le comprendre dans les crédits primitifs de l'exercice 1890, puisqu'elle en reconnaissait depuis longtemps la nécessité.

On ne saurait s'élever avec trop d'insistance contre l'incorrection de semblables procédés financiers.

CHAPITRE 43. — *Matériel de l'établissement thermal d'Aix* . . . . 25.000 fr.

L'insuffisance des crédits ordinaires alloués pour le matériel de l'établissement thermal d'Aix n'ont pas permis à l'Administration de pourvoir comme il convient, depuis plusieurs années, au bon entretien de ce matériel et à la constitution normale des approvisionnements. Le Gouvernement a cherché à obtenir en 1890 le relèvement des crédits primitifs. Mais une demande d'augmentation de 5,000 fr. qu'il avait présentée lors de l'établissement du projet de budget a été repoussée par la Commission de la Chambre. Le Ministre aurait dû, puisqu'il avait la certitude de la nécessité du crédit, en réclamer le rétablissement devant la Chambre, et s'il ne l'obtenait pas à la Chambre, solliciter cette augmentation devant le Sénat. Il ne l'a pas fait. Mais il est devenu urgent aujourd'hui de combler l'insuffisance de la dotation et de donner à l'Administration le moyen de conduire la gestion de ce grand établissement thermal dans les conditions indispensables pour retenir et développer sa clientèle.

Il reste également à faire, dans les bâtiments, des travaux dont le devis qui nous a été présenté s'élève à environ 40,000 francs. Ces travaux répondent tous à des besoins sérieux, mais ils n'ont pas le même degré d'urgence. Nous avons examiné, avec M. Faure Dujarric, architecte du Gouvernement, ceux qui ne paraissaient pas pourvoir être ajournés et il nous a semblé que, pour 1890, une réduction importante pouvait avoir lieu. La totalité des besoins de cet exercice nous paraîtrait devoir être satisfaite par l'allocation de la somme de 25,000 francs votée par la Chambre.

Nous vous proposons de l'accorder.

Nous ajoutons que la gestion financière de l'établissement est en constant progrès. Le produit net versé au Trésor s'est, en effet, accru depuis 1884 dans les proportions suivantes :

1884.	44.626 fr.	08
1885.	92.952	41
1886.	101.243	78
1887.	116.355	23
1888.	124.484	40

Au point de vue des recettes du Trésor, il est donc indispensable de conserver les thermes en bon état, afin de répondre aux exigences légitimes du public qui les fréquente et afin de maintenir le niveau des recettes de l'Etat.

Mais en autorisant le crédit, le Sénat s'associera certainement à notre désir : c'est que, dorénavant, les allocations de cette nature qui s'appliquent à l'entretien annuel du matériel et des bâtiments soient inscrites dans les crédits primitifs du budget. Elles ne doivent plus, sous aucun prétexte, être ajournées par mesure d'économie pour faire l'objet d'une demande ultérieure de crédit additionnel.

Chapitre 71. — *Travaux de réfection du palais de justice d'Amiens* . . . . 12.500 fr.

La demande de ce crédit avait été introduite directement sans projet de loi spécial par le Gouvernement devant la Commission du budget de la Chambre, contrairement aux dispositions législatives sur la matière. (Rapport de la Commission des finances du Sénat du 2 juillet 1889, n° 195.) Il avait été voté par la Chambre. Mais votre Commission des finances ne vous en a pas fait le rapport à cause de l'irrégularité de la procédure et aussi du défaut de justifications à l'appui de la demande.

L'irrégularité est aujourd'hui couverte par le projet de loi du 27 janvier 1890.

Quant aux justifications, elles ont pu être obtenues.

Le palais de justice d'Amiens a été reconstruit en 1886 aux frais commun de l'Etat, intéressé à raison des locaux de la Cour d'appel, et du département, concourant à la dépense à raison des locaux servant aux tribunaux civils et de commerce.

De graves malfaçons ayant été constatées, l'Etat et le département intentèrent une action en responsabilité contre les héritiers de l'architecte. Mais aux termes d'une transaction le procès fut abandonné moyennant l'engagement par ces héritiers de payer une indemnité de 25.000 francs par moitié à l'Etat et au département. Cette indemnité a été versée. La part de l'Etat figure aux produits divers du budget de 1889, au titre des Ressources accidentelles.

Il s'agit actuellement de procéder aux réparations reconnues nécessaires et évaluées 50.000 francs.

Le Gouvernement avait demandé, pour cet objet, un crédit de 25.000 francs, représentant la part de la dépense à la charge de l'État (1/2 de 50.000 fr.)

La Commission du budget de la Chambre a réduit cette demande à 12.500 francs pour les motifs ci-après :

« Le crédit de 12.500 francs, dont l'inscription est demandée au budget du Ministre de l'Intérieur et *qui représente le produit revenant à l'État dans le montant des sommes stipulées par la transaction*, sera insuffisant pour faire face à la quote-part de dépense incombant au Trésor, mais il permettra du moins de ne pas ajourner les travaux les plus urgents. Sur la dépense totale de 50.000 fr., une somme de 25.000 francs seulement est à la charge de l'État. Sur ce dernier chiffre, une somme de 12.500 fr. représente la part de l'État dans l'indemnité de 25.000 francs à verser par les héritiers. Dans ces conditions, il nous paraît suffisant d'accorder un crédit de 12.500 francs. Le complément, somme égale, pourra faire l'objet d'un crédit ouvert par décret à titre de fonds de concours, lorsque la créance sur lesdits héritiers aura été recouvrée. (Rapport du 8 juillet 1889.)

Le crédit proposé par la Commission du budget et voté par la Chambre représente donc, en réalité, la part de dépense de l'État non couverte par l'indemnité des héritiers de l'architecte. A ce crédit s'ajoutera celui qui sera ouvert au titre des fonds de concours jusqu'à concurrence de la somme nécessaire de 12.500 francs. La dépense totale prévue de 50.000 francs se trouvera ainsi acquittée.

Nous vous proposons de voter dans ces termes ce crédit de 12.500 francs.

CHAPITRE 74. — *Construction du lazaret de Marseille* . . . . 10.192 fr. 34

Sur les crédits accordés par les lois des 17 juillet 1886, 19 décembre 1887 et 21 novembre 1888 pour la construction du lazaret de Marseille, il reste sur l'exercice 1888 un disponible de 10.192 fr. 34 que l'Administration n'a pas eu le temps d'employer avant la clôture de l'exercice. Ce reliquat sera donc annulé dans la loi de règlement.

Cependant il existe encore, pour terminer l'entreprise,

quelques travaux complémentaires qui absorberont le disponible des 10.192 fr. 34.

La Chambre des Députés a accordé sur l'exercice 1890 un crédit égal en compensation de l'annulation de 1888. Nous vous proposons de ratifier cette décision.

CHAPITRE 75. — *Protection des enfants abandonnés, délaissés ou maltraités* . . . . 25.000 fr.

Deux crédits s'élevant ensemble à 75.000 francs ont été accordés pour l'enquête relative aux enfants abandonnés. Un disponible de 40.000 francs est resté disponible sur l'exercice 1888 et sera annulé par la loi de règlement. Un second disponible de 15.000 francs sur l'exercice 1889 a été annulé par la loi du 31 mars 1890. (Rapport de la Commission des finances du 29 mai 1890.)

Pour achever l'enquête, le Gouvernement avait réclamé l'emploi des deux sommes disponibles de 40.000 francs et de 15.000 francs.

Il a réduit quant à présent sa demande à 25.000 francs. La Chambre des Députés a inscrit cette dernière somme de 25.000 francs au budget de 1890 par voie d'ouverture de crédit supplémentaire. Nous proposons de ratifier son vote, l'opération à laquelle il s'applique ne pouvant rester inachevée.

MINISTÈRE DE LA GUERRE

Le Ministre de la Guerre avait demandé dans le projet de loi du 27 janvier 1890, pour assurer l'exécution des lois votées et l'extension normale des services, des crédits additionnels s'élevant en totalité à. . . . . . 13.059.876 fr. 79

Ces prévisions n'ont pas été maintenues. A la suite d'un nouvel examen fait directement par l'Administration de la Guerre et ensuite d'un contrôle exercé par la Commission du budget de la Chambre, il a été opéré des réductions pour un chiffre de. 2.687.838 66

De sorte que les crédits votés se trouvent ramenés à. . . . . 10.372.038 fr. 13

Ce résultat démontre que la demande primitive du Département de la Guerre était supérieure aux besoins réels s'appliquant à l'exécution des lois et à la bonne marche de ses services. Il prouve combien il est désirable que les préparations de dépenses, émanant de services souvent différents, soient de la part du contrôle central l'objet d'un examen très attentif, afin de ne pas laisser exagérer les prévisions et de réduire les dépenses à ce que comportent réellement les intérêts de la défense nationale.

Le tableau suivant indique les résultats, par chapitre, de la diminution de 2.687.838 fr. 66 consentie par le Ministre de la Guerre :

CHAPITRES	DEMANDES primitives du Ministre.		RÉDUCTIONS consenties par le Ministre.		CRÉDITS votés par la Chambre.	
	fr.	c.	fr.	c.	fr.	c.
États-Majors.	110.856	96	52.856	96	58.000	»
Écoles militaires. — Personnel. . .	120.342	»	10.500	»	109.842	»
Personnel hors cadre	12.896	»	12.896	»	»	»
Solde de l'infanterie.	504.050	»	504.050	»	»	»
Solde de la cavalerie	608.057	»	105.107	»	502.950	»
Solde de l'artillerie	1.114.559	»	109.200	»	1.005.359	»
Solde du génie. . . . . . . , ...	19.198	»	19.198	»	»	»
Chauffage et éclairage.	500.000	»	500.000	»	»	»
Fourrages	997.023	»	8.142	»	988.881	»
Service de santé. — Matériel. . . .	110.102	»	600	»	109.502	»
Service de marche.	38.120	»	38.120	»	»	»
Habillement et campement.	821.181	40	210.547	70	610.633	70
Recrutement.	150.760	»	100.760	»	50.000	»
Remonte	3.171.325	»	809.711	»	2.361.614	»
Harnachement.	342.550	»	186.150	»	156.400	»
École militaire.	20.000	»	20.000	»	»	»

CHAPITRE 10. — *États-Majors* . . . . 58.000 fr.

Le Gouvernement avait demandé sur ce chapitre un crédit supplémentaire de 110.856 fr. 96 qui n'a été voté qu'en partie par la Chambre.

Ce crédit se composait de trois éléments.

I. — *Augmentation du traitement des officiers généraux admis au cadre de réserve.*

La loi du 14 janvier 1890 a décidé que les officiers généraux placés dans la 2e section du cadre de réserve recevront une solde égale à la pension qui leur serait allouée s'ils faisaient valoir leurs droits à la retraite.

Cette disposition a pour effet d'augmenter la solde de ces officiers, parce que la pension de retraite est supérieure au traitement du cadre de réserve.

D'après les états qui nous ont été fournis par l'Administration de la guerre, 30 généraux sont appelés actuellement à profiter pour 1890 du rélèvement de traitement dont il s'agit.

12 généraux de division au cadre de réserve, qui touchaient une solde de 9.000 francs, vont recevoir 10.500 francs, taux de la pension de retraite affecté à leur grade.	18.000 fr. »
18 généraux de brigade, qui ont un traitement de réserve de 6.002 fr. 45, recevront, au taux de la pension de leur grade, 8.000 fr.	35.955 90
Total.	53.955 fr. 90

Comme il s'agit d'assurer l'exécution d'une loi votée, votre Commission ne peut que vous proposer d'allouer le crédit.

II. — *Augmentation du traitement des généraux de division.*

Les généraux de division qui ont commandé en chef devant l'ennemi sont maintenus indéfiniment en activité de service, quoiqu'ils ne soient pas pourvus d'un commandement effectif. Ils touchent un traitement net de 9.928 fr. 42 (déduction faite de la retenue).

Le Ministre de la Guerre demandait que leur traitement brut fût élevé à 18.000 francs.

La Chambre des Députés repoussa cette augmentation. Elle était véritablement excessive et elle se justifiait d'autant moins que les officiers généraux dont il s'agit, n'étant pas pourvus d'un commandement, sont en réalité dans la situation de retraite et ne rendent pas plus de services que les généraux inscrits au cadre de réserve.

Tout ce qu'il était raisonnable de faire, c'était de les placer sur le même pied que ces derniers généraux, en leur accordant le bénéfice de la loi du 14 janvier 1890, d'après laquelle la solde de réserve est élevée au taux de la pension de retraite. Il ne serait pas juste, en effet, qu'un général de division maintenu dans les cadres de l'activité pour avoir commandé devant l'ennemi, eût un traitement inférieur à celui du général qui est placé dans le cadre de réserve.

Cette assimilation peut être réalisée, comme toutes les mesures relatives à la solde d'activité, par la loi de finances. Un décret interviendra ultérieurement pour régler le nouveau tarif de la solde.

Le traitement de chacun des généraux dont il s'agit serait ainsi porté de 9.928 fr. 42 à 10.500 francs, ce qui nécessiterait un crédit de 4.001 fr. 06.

Votre Commission propose de l'accorder.

III. — *Rétablissement des manœuvres de cadres.*

Le Ministre de la Guerre avait demandé un crédit supplémentaire de 6.700 francs pour rétablir en 1890 les manœuvres de cadres. Il y a ultérieurement renoncé.

Les crédits supplémentaires du chapitre 10 (Etats-Majors) sont donc réduits aux suivants :

Officiers généraux admis aux cadres de réserve	53.955 fr. 90
Officiers généraux ayant commandé dans l'armée	4.001 06
	57.956 fr. 96
En chiffres ronds.	58.000 fr. »

CHAPITRE 11. — *Ecoles militaires* (Personnel). 109.842 fr.

Le développement continu du service de l'artillerie a nécessité l'extension du cadre des officiers de cette arme, et comme le recrutement en est principalement opéré parmi les élèves sortant de l'École d'application de Fontainebleau, il en résulte l'obligation d'augmenter le nombre de ces élèves.

Un crédit supplémentaire de 94.677 francs a été alloué déjà pour cet objet au titre de l'exercice 1889. (Rapport de la Commission des finances du Sénat du 26 novembre 1889.)

Des besoins nouveaux se sont révélés pour 1890. A la suite de la réorganisation de l'artillerie de campagne, ordonnée par la loi du 25 juillet 1889, il en est résulté une création de 456 emplois de lieutenant et de sous-lieutenant auxquels il faut pourvoir rapidement. A cet effet, il a été reconnu nécessaire d'envoyer à l'École de Fontainebleau :

1° Le 1er janvier 1890 : *40 élèves* qui sont entrés à l'École polytechnique en 1888. Ces 40 élèves sortiront de l'École d'application et seront nommés lieutenants le 1er octobre 1891;

2° Le 1er octobre 1890 : *80 élèves* entrés à Polytechnique en 1889. Ces 80 élèves sortiront de Fontainebleau et seront nommés lieutenants le 1er octobre 1892.

Cette mesure nécessite l'allocation de la solde de sous-lieutenant, pendant le dernier trimestre de 1890, anx 80 élèves de la promotion de 1889, et pendant les trois derniers trimestres aux 40 élèves de la promotion de 1888, en tout 109.842 francs.

Il s'agit de l'exécution d'une loi votée. Le crédit doit être accordé.

Le Gouvernement a retiré sur ce chapitre un autre crédit de 10.500 francs relatif à l'École de guerre et qu'il n'a pas reconnu nécessaire.

CHAPITRE 12. — *Personnel hors cadre*. . . . . . 12.896 fr.

Le Gouvernement avait sollicité un crédit de 12.896 fr. pour les motifs suivants :

« La loi du 1er juillet 1889 sur l'autonomie du service de santé a étendu les attributions des directeurs du service dans les corps d'armée à l'ordonnancement des dépenses, à la vérification des comptabilités des établissements, enfin au commandement des sections d'infirmiers.

« Le tarif des indemnités pour frais de service a dû être augmenté en conséquence, et le total des indemnités allouées à 24 directeurs se trouve augmenté d'une somme de 12.896 francs. »

Le Ministre a renoncé à cette demande.

CHAPITRE 13. — *Solde de l'infanterie* . . . . 504.050 fr.

Le Département de la Guerre demandait un crédit supplémentaire de 504.050 francs motivé sur les deux considérations suivantes :

I. — Les exercices de garnisons, comprenant des manœuvres avec des détachements de toutes armes, donnent lieu à des dépenses supplémentaires qui ont été jusqu'à présent supportées par les ordinaires. Elles imposent d'onéreux déplacements aux officiers. Elles entraînent quelquefois la réparation de dégâts commis dans les récoltes.

Il conviendrait de créer une masse de manœuvres et de lui allouer un crédit de 365.400 francs.

II. — Il a été reconnu nécessaire de porter de 4 à 6 compagnies un certain nombre de bataillons de chasseurs à pied stationnés dans l'Est, ce qui entraînera une dépense de 108.410 francs.

III. — Enfin le rétablissement demandé des manœuvres de cadres exige une dotation de 30.240 francs.

Le Ministre de la Guerre, ayant été prié d'écarter pour 1890 toutes les demandes qui ne correspondraient pas à des besoins imprévus ou à des lois nouvelles (Rapport de la Commission du budget du 8 mars 1890), a renoncé à ses propositions.

CHAPITRE 15. — *Solde de la cavalerie*. . . . . 502.950 fr.

Le crédit primitif comprenait des allocations relatives au rétablissement, pour 1890, des manœuvres de cadres et des masses de manœuvres. Le Ministre y a renoncé. (V. les chapitres précédents.)

Le surplus du crédit est ainsi justifié dans l'exposé des motifs du 27 janvier 1890 :

« Le crédit supplémentaire nécessaire au titre de la solde, pour 2.250 officiers (25 par régiment), s'élève à 520.265 fr. compte tenu de ce que les deux régiments à former en 1890 ne le seront qu'en octobre. »

La dotation de 520.265 francs correspond en effet au supplément de solde que nécessite pendant le dernier trimestre de 1890 la création des deux régiments de cavalerie,

Mais depuis le dépôt du projet de loi, il est devenu certain qu'un seul de ces régiments sera formé le 1er octobre 1890. Le second ne pourra être constitué réellement qu'à partir de 1891, à cause des difficultés du casernement et d'autres causes de retard.

Il semblerait logique, dès lors, de diminuer de moitié le crédit total de 520.265 francs demandé pour les deux régiments.

Cette diminution cependant se serait pas sans inconvénients.

En effet, il est indispensable de réunir dès la fin de

1890 les éléments constitutifs des deux régiments en hommes qui seront donnés par le contingent appelé à la fin de 1890. Autrement, la formation réelle du régiment, pour lequel il n'y aurait pas de crédit, devrait être reporté à la fin de l'année 1891. Dès lors, il faut mettre à la disposition du Ministre, dès le 1er octobre 1890, les crédits en solde, vivres (chap. 22), fourrages (chap. 24), hôpitaux (chap. 26), habillement (chap. 29), remonte (chap. 36) et harnachement (chap. 38) qui sont nécessaires à la formation des éléments du régiment restant à constituer.

Seulement, on a reconnu qu'il est possible d'abandonner, pour le dernier trimestre de 1890, la portion des crédits additionnels afférents aux 25 officiers du second régiment qui ne seront pas effectivement en service pendant ce trimestre. C'est cette portion qui justifie la réduction de 17.215 francs consentie par le Ministre sur le chapitre 15 et les réductions qui se retrouvent ci-après sur les autres chapitres.

Votre Commission des finances ne peut, dans ces conditions, que vous proposer le vote de la somme de 502.950 fr. allouée par la Chambre.

CHAPITRE 16. — *Solde de l'artillerie*. . . . 1.005.359 fr.

Deux allocations relatives aux masses de manœuvres (102.800 francs) et au rétablissement des manœuvres de cadres (6.400 francs) avaient été demandées par le Ministre de la Guerre. Il y a renoncé depuis. (V. les chapitres précédents.)

Le crédit est réduit à l'exécution directe de la loi du 25 juillet 1889 sur la réorganisation de l'artillerie.

Cette loi a créé 19 emplois de lieutenants-colonels d'artillerie, 45 emplois de chefs d'escadron, 38 emplois de capitaines, ainsi que 19 batteries d'artillerie montées à l'effectif de 103 hommes de troupe.

Les crédits nécessaires ont été accordés par le Parlement, au titre de l'exercice 1889, pour le reste de l'année. (Rapport de la Commission des finances du Sénat du 21 janvier 1890 — 194.868 francs.) Ils sont actuellement demandés pour l'exercice 1890 et représentent, au titre de la solde, une somme de 1.005.359 francs, savoir :

Solde des officiers	539.899 fr.	1.005.359 fr.
Solde de la troupe	269.040	
Indemnités diverses	196.420	

Cette dépense ne peut être ni évitée ni ajournée. Nous vous proposons d'accorder le crédit.

CHAPITRE 17. — *Solde du génie*. . . . . 19.198 fr.

Le Gouvernement avait demandé sur ce chapitre un crédit supplémentaire de 19.198 francs pour le rétablissement des manœuvres de cadres et la formation des masses de manœuvres.

Ces projets ont été abandonnés. (Voir les chapitres précédents.

CHAPITRE 22. — *Vivres* (Matériel d'exploitation). 404.492 fr.

1° Stations-magasins :

La loi du 14 décembre 1889 a accordé aux services des subsistances militaires un crédit supplémentaire de 132.000 francs pour permettre de confier à des entrepreneurs la constitution et l'entretien des approvisionnements de stations-magasins, actuellement confiés à la gestion directe, conformément à l'accord intervenu entre les Commissions de finances et le Département de la guerre.

Le crédit de 132.000 francs correspondait aux frais de

location et aux primes d'entretien du dernier trimestre de l'année 1889.

On demande pour 1890 le crédit correspondant à l'année entière, soit 525.000 francs, dont 240.000 francs au titre du service des vivres, ci. . . . . 240.000 fr.

Le principe de l'essai de l'entreprise a été, en effet, déjà admis par le Sénat à l'occasion d'un crédit supplémentaire demandé pour la même cause en 1889. (Rapport de la Commission des finances du 21 janvier 1890.) Il y a lieu de les continuer en 1890 jusqu'à ce que l'expérience ait donné des résultats concluants.

2° Réorganisation de l'artillerie :

La formation des 19 batteries (voir les explications du chapitre 16) a pour conséquence l'allocation, au titre du service de vivres, d'un crédit de. . . . . 164.492 correspondant aux rations de vivres de toute espèce.

Total. . . . . 404.492 fr.

Nous vous proposons d'allouer ces crédits.

Chapitre 23. — *Chauffage et éclairage*. . . . 250.000 fr.

L'Administration de la Guerre justifiait ainsi qu'il suit sa demande primitive de crédit de 500.000 francs :

« L'obligation d'augmenter dans une forte proportion les approvisionnements de combustibles s'est imposée récemment à l'attention de l'Administration de la Guerre. Elle demande, dans ce but, une augmentation annuelle d'environ 500.000 francs sur les crédits du chapitre 23. Toutefois, en ce qui concerne l'exercice 1890, la dépense pourrait être couverte par les économies réalisées sur les prévisions budgétaires par les marchés de fourrages à la ration conclus en novembre 1889 pour la période 1889-1890. En conséquence, le crédit supplémentaire de 500.000 francs à ouvrir au chapitre 23 du budget ordinaire de l'exercice 1890 serait compensé par une annulation d'égale somme proposée au titre du chapitre 24 (Fourrages). »

La Commission du budget avait réduit le crédit par les raisons ci-après :

« Il a été reconnu par le Conseil supérieur de Guerre que les approvisionnements de chauffage doivent être renforcés dans les places fortes. Il y a là des besoins devant lesquels votre Commission, après un examen réitéré, a dû s'incliner. Toutefois, le crédit de 500.000 francs demandé pour 1890 a paru pouvoir être limité; d'accord entre le Gouvernement et la Commission, il a été ramené à 250.000 francs. C'est ce chiffre que nous vous proposons de voter. »

Mais, lors du vote du projet de loi de la Chambre, la demande de crédit a été retirée sans aucune explication.

Nous avons appris au Ministère de la Guerre que de nouvelles mesures sont à l'étude pour assurer l'approvisionnement.

CHAPITRE 24. — *Fourrages*. . . . . 988.881 fr.

Le crédit additionnel demandé par le Ministre sur ce chapitre était de 997.023 francs. L'Administration a renoncé depuis à la création de nouvelles compagnies dans les bataillons de chasseurs à pied (V. chap. 13 ci-dessus) pour laquelle un crédit de 5.089 francs figurait dans le total de 997.023 fr. Elle n'a maintenu sa demande que pour l'excédent de 991.934 francs et elle la justifie de la manière suivante :

1° Stations-magasins :

Conformément aux explications données au chapitre 22 (Vivres), un crédit supplémentaire de. . . . . 285.000 fr.

est demandé pour faire passer les approvisionnements des stations-magasins de la gestion directe à l'entreprise.

2° Réorganisation de l'artillerie :

Les rations de fourrages correspondant au nombre des chevaux de troupe et d'officiers (voir chapitre 16) représentent un crédit de . . . . 597.010 fr.

dont l'allocation est demandée au titre de 1890.

3° Officiers de cavalerie :

Comme conséquence de la loi du 25 juillet 1889 (voir chapitre 15), on demande les crédits correspondant aux rations de fourrages de 216 chevaux d'officiers de cavalerie (24 par régiment). . . . . 109.924 fr.

La Commission du budget de la Chambre a accordé les deux premières allocations. Elle a imposé à la troisième une réduction de 3.053 francs provenant de ce que la loi du 25 juillet 1889 ne devait recevoir en 1890 qu'une application partielle. (Rapport du 8 mars 1880.)

Les observations que nous avons présentées au chapitre 15 trouvent ici leur application.

Le crédit de 998.881 francs doit être accordé.

Chapitre 26. — *Service de santé* (Matériel d'exploitation) . . . . 109.502 fr.

1° Les crédits correspondant aux formations de l'artillerie et aux cadres d'officiers (lieutenants et sous-lieutenants) des 9 régiments de cavalerie récemment créés ou à créer en 1890 sont respectivement de. . . . . 20.627 fr.
et de. 3.375

Total. . . . . 24.002 fr.

Il s'agit de l'exécution d'une loi votée. Nous ne pouvons que vous proposer d'accorder le crédit.

2° Aux termes de l'article 10 du règlement du 25 novembre 1889 sur le service de santé, le loyer des immeubles pris en location pour l'installation des bureaux des directions du service de santé (loyer dont le payement a été imputé jusqu'à présent au budget des lits militaires) doit rester dorénavant à la charge du service de santé. Il en est de même des dépenses afférentes à l'ameublement desdits bureaux.

Pour l'exécution de cette prescription, il est nécessaire de reporter au chapitre 26 une somme de. . . . 5.500 fr.

Comprenant :

1° Le montant du loyer des directions du service de santé des 3e, 6e, 11e, 19e corps d'armée et de la brigade d'occupation de Tunisie. Les autres directions sont logées dans les bâtiments militaires ;

2° Une somme de 1.100 francs représentant proportionnellement la valeur du mobilier, la part qui revient au service de santé sur le crédit de 16.000 francs alloué au service des lits militaires pour l'ameublement des bureaux.

Ladite somme de 5.500 francs serait, par contre, annulée au chapitre 30 (Lits militaires).

La Commission approuve cette opération.

3° La loi du 23 décembre 1889 a prononcé le report, à l'exercice 1889, d'une somme de 86.330 fr. 44, formant le reliquat du crédit de 1 million, relatif à la réorganisation des salles militaires dans les hospices civils ouverts par la loi du 29 juillet 1881.

La dépense faite au titre de 1889 s'élève à 6.330 fr. 44; on demande de reporter la différence, soit. . . 80.000 fr. à l'exercice 1890.

Cette différence a été annulée à l'exercice 1889 par la loi du 31 mai 1890. (Rapport de la Commission des finances du 29 mai 1890.)

Ces trois crédits forment le total du chapitre de 109.502 francs. Le Ministre a renoncé, après le dépôt du projet de loi du 27 janvier 1890, à une autre demande de

600 fr. relative à une création de compagnies nouvelles dans les bataillons de chasseurs à pied, création qu'il a abandonnée. (V. chap. 13 ci-dessus.)

CHAPITRE 27. — *Service de marche* . . . . . . 38.120 fr.

Un crédit de 38.120 francs avait été demandé à l'origine pour le rétablissement des manœuvres des cadres. Ce rétablissement ayant été abandonné depuis, le crédit a été retiré.

CHAPITRE 29. — *Habillement et campement* (Matériel d'exploitation) . . . . 610.633 fr. 70

1° Réorganisation de l'artillerie (Loi du 25 juillet 1889):

Les premières mises de l'habillement ont été accordées par le Parlement en 1889; il y a lieu d'allouer les primes d'entretien de l'habillement pour 1890, savoir. 216.240 fr.

2° Création de 2 régiments de cavalerie :

Les 2 régiments de cavalerie à créer en conséquence de la loi du 25 juillet 1887, soit 1 régiment de cuirassiers et 1 régiment de hussards, sont portés au budget de 1890.

Les premières mises seulement sont pour l'année entière.

1 régiment de cuirassiers.	217.633 fr. 70	424.581 fr. 40
1 régiment de hussards. .	206.947 70	

Mais la loi du 25 juillet 1889 ne doit recevoir qu'une exécution partielle en 1890. (V. les chap. 15 et 24 ci-dessus). Le Gouvernement a réduit, en conséquence, sa demande à. . . . . 217.633 fr. 70

3° Augmentation d'effectif dans certains corps :

L'effectif d'un certain nombre de corps de troupe a été

renforcé d'un nombre d'hommes supérieur au 1/20 de l'effectif primitif, et, dans ce cas, le règlement sur le service de l'habillement prévoit une augmentation de la masse d'habillement.

10 bataillons de chasseurs, 6 régiments d'infanterie et 2 régiments du génie se trouvent dans ce cas. Les crédits nécessaires s'élèvent à . . . . 176.760 fr.

Cette dernière allocation a attiré notre attention particulière. Voici les explications qui la justifient.

Lorsqu'un corps de troupe est formé, l'Administration de la Guerre lui alloue une première mise destinée à permettre de couvrir les premières dépenses et de constituer le premier fonds d'effets indispensable.

Les primes réglementaires d'entretien perçues par le corps lui permettent ensuite de compléter, de renouveler ses collections d'effets et de faire face à toutes les dépenses auxquelles pourvoit la masse d'habillement.

Par analogie, lorsque l'effectif d'un corps se trouve augmenté, chaque homme doit recevoir immédiatement une tenue bonne et une tenue d'instruction. S'il ne s'agit que de quelques unités, les fonds généraux de la masse peuvent supporter la dépense ; mais la masse serait obérée si on lui imposait l'obligation d'habiller un nombre d'hommes considérable. Le Ministre a décidé, à cet égard, que le renforcement d'effectif devrait atteindre au moins le 1/20 de l'effectif du corps pour donner droit à première mise.

A la vérité, il se produit une diminution équivalente sur les corps qui fournissent les hommes. Mais il faut remarquer que ces derniers corps sont recomplétés aussitôt que possible, et généralement à l'arrivée de la classe. Pendant ce temps, ils conservent et entretiennent les collections d'effets nécessaires aux hommes manquant à leur effectif.

Le Gouvernement a retiré une demande de crédit de 36.000 francs concernant le projet abandonné du renforcement des bataillons de chasseurs à pied. (V. chap. 13 ci-dessus).

Chapitre 30. — *Lits militaires*. . . . . 780.000 fr.

La loi du 30 mai 1890 (Rapport de la Commission des Finances du Sénat du 29 mai 1890) a annulé un crédit supplémentaire de 780.000 francs alloué par la loi du 23 décembre 1889 pour l'achat de sommiers de troupe et non employé à la clôture de cet exercice.

L'achat de ces sommiers était décidé et devait avoir lieu en 1890 ; le Ministre de la Guerre demande le report du crédit à cet exercice.

Nous vous proposons de l'accorder.

Chapitre 32. — *Recrutement*. . . . . 50.000 fr.

L'application de la loi du 15 juillet 1889 sur le recrutement de l'armée entraînera, dès l'exercice 1890, au point de vue du service de recrutement, des frais supplémentaires, soit en raison du plus grand nombre d'hommes à examiner et à incorporer, soit en raison de l'accroissement inévitable des tournées, d'où résulte une augmentation des frais de déplacement dus aux membres des conseils de revision.

Un crédit supplémentaire de 150.760 francs était demandé à cet effet au titre de l'exercice 1890. Le Gouvernement, sur les observations de la Commission du budget, a consenti à le réduire à 50.000 francs, par ce motif, indiqué dans le rapport de cette Commission, « qu'il faut décourager « les diverses autorités dans les allocations. »

D'après les explications qui nous ont été fournies au Ministère de la Guerre, la prévision de dépenses avait été trop largement établie. On avait voulu éviter l'éventualité de recourir à un crédit supplémentaire. Mais le service compétent reconnaît que le crédit réduit de 50.000 francs est en réalité suffisant.

CHAPITRE 33. — *Réserve et armée territoriale.* 100.000 fr.

Le crédit de 392.064 francs inscrit au chapitre 33 renferme pour 1890, une prévision de 250.000 francs pour l'indemnité de première mise d'équipement aux officiers de réserve et de l'armée territoriale (art. 4). Cette prévision, conforme d'ailleurs à celle des années antérieures, est devenue insuffisante pour 1890, par suite de l'augmentation du nombre des officiers de la réserve et de l'armée territoriale. Ce crédit se compense avec une annulation de somme égale proposée ci-après sur le chapitre 29 (Habillement).

CHAPITRE 36. — *Remonte générale.* . . . . . 2.361.614 fr.

1° La première partie de ce crédit a pour objet l'exécution de la loi du 25 juillet 1889 sur la réorganisation de l'artillerie.

Les premières mises pour l'achat des chevaux nécessaires aux 19 batteries nouvelles s'élèvent à 1.121.760 fr.

Officiers.	95.760 fr.
Troupe.	1.026.000 fr.

Il y a lieu de pourvoir également à l'entretien de ces chevaux. Le Gouvernement avait demandé pour cet objet un crédit de 141.140 francs. Mais il a reconnu ultérieurement que l'entretien de chevaux récemment achetés serait inférieur aux moyennes ayant servi au calcul du premier crédit et il a réduit sa demande à. . . . . . . 100.000 fr.

2° Création de 2 régiments de cavalerie.

Les régiments à créer en 1890 porteront à 9 le nombre

des régiments de nouvelle formation (13 régiments sont à former en exécution de la loi du 25 juillet 1887).

Ils comprennent : 1 régiment de cuirassiers et 1 régiment de hussards et sont portés au budget.

Les premières mises de remonte seules sont nécessaires; elles s'élèvent pour le plein exercice à 1.470.630 francs.

Officiers : 48 chevaux de réserve et de cavalerie légère. . . . . 60.960 fr.

Troupe : 681 chevaux de l'une et de l'autre catégorie, soit 1.362 chevaux . . . . 1.409.670 fr.

Total. . . . . 1.470.630 fr.

Mais comme la formation des régiments ne se fera qu'en cours d'exercice, le Gouvernement réduit sa demande à. . . . . 822.585 fr.

Ainsi qu'il suit :

Réduction sur les chevaux d'officiers subalternes . . . . 27.360 fr.

Réduction sur les chevaux de troupe. . . 619.710

Réduction sur l'entretien des chevaux d'officiers 975

648.045 fr.

3° Sous-lieutenants et lieutenants de cavalerie des 9 régiments de nouvelle formation :

La loi du 25 juillet 1889 modifiant le paragraphe 2 de l'article 2 de la loi du 25 juillet 1887, relative à la création de nouveaux régiments de cavalerie, a autorisé le Ministre de la Guerre à ne plus prélever sur l'ensemble des cadres de l'arme les lieutenants et les sous-lieutenants de ces nouveaux régiments. Les nouveaux régiments seront au nombre de 9 en 1890.

Les frais de première mise pour 216 officiers montés (24 par régiment) et d'entretien pour l'année 1890 exigent un crédit de. . . . . 247.269 fr.
que votre Commission est d'avis d'allouer.

4° Un crédit supplémentaire de 70.000 francs nous a paru également devoir être accordé pour l'achat des chevaux destinés à la 5e compagnie de sapeurs-conducteurs du 5e régiment du génie, créé en exécution de la loi du 11 juillet 1889. Ce crédit représente l'achat de 25 chevaux de selle et de 45 chevaux de trait, soit : 70 chevaux à 1.000 francs . . . . 70.000 fr.

Nous vous proposons l'adoption de ces crédits.

Le Gouvernement a renoncé sur ce chapitre à deux crédits de 111.840 francs et de 8.686 francs respectivement destinés à la formation du 6e escadron du 4e spahis et à la création de nouvelles compagnies dans les bataillons de chasseurs.

CHAPITRE 38. — *Harnachement* . . . . 156.400 fr.

Un crédit total de 342.550 francs était demandé primitivement pour faire face aux premières mises de harnachement afférentes aux deux régiments de cavalerie de formation nouvelle, soit. . . . . 312.800 fr.
et à l'escadron de spahis à créer en 1890, soit 29.750 »

Le Gouvernement a renoncé à cette seconde portion du crédit. En outre, sur la somme de 312.800 francs, il a consenti à une réduction de moitié, par le motif que la loi du 25 juillet 1889 ne recevra son exécution que pendant une partie de l'année 1890. (V. chap. 15 ci-dessus.)

Nous vous proposons de voter ce crédit.

CHAPITRE 45. — *École militaire* . . . . 20.000 fr.

Le Département de la Guerre avait demandé un crédit de 20.000 francs qu'il justifiait par les motifs suivants :

« Le crédit jusqu'ici alloué annuellement à l'École

polytechnique pour assurer l'enseignement de l'équitation ne permet de donner qu'une leçon et 1/4 par semaine aux élèves de la 2e année. Cette instruction est insuffisante, soit pour préparer les élèves aux cours d'équitation de l'Ecole de Fontainebleau, soit pour permettre aux élèves sortant dans les services civils de remplir leurs devoirs d'officiers de réserve en temps de paix et surtout en temps de guerre. Enfin, on doit ajouter qu'en cas de guerre, le élèves de 2e année quitteraient immédiatement l'Ecole pour participer à la défense nationale, et qu'ils ne seraient pas préparés dans l'état actuel des choses à faire un service de guerre à cheval ».

Le Ministre a reconnu depuis que cette dépense ne constituait pas un événement imprévu et qu'elle n'était pas indispensable à l'exécution des lois votées.

Il a retiré sa demande.

CHAPITRE 51. — *Construction de la nouvelle enceinte et des forts détachés de Lyon.* . . . . 1.215.000 fr.

La loi du 21 août 1884, qui a autorisé le déclassement des fortifications de Lyon, a autorisé la vente des terrains militaires, évalués 10 millions, et en a alloué le produit au service de la Guerre pour l'établissement de nouvelles défenses autour de la ville.

Aucune vente de terrain n'a encore eu lieu et le Domaine n'a jusqu'à ce jour encaissé aucune somme. La prévision de recette de 2 millions, qui figure dans chaque budget au titre des recettes domaniales, n'est jamais réalisée. Cependant le service de la Guerre a engagé les dépenses correspondantes aux recettes. Les dépenses actuellement faites s'élèvent à 7.648.584 fr. 96. Nous réitérons l'observation déjà faite dans notre rapport du 29 mai 1890, qu'il convient de prendre des mesures pour que de semblables résultats ne se produisent pas à l'avenir.

Quoi qu'il en soit, le crédit de 1.968.000 francs ouvert au titre du chapitre 51 du budget de 1889, par les lois des 29 décembre 1888 (800.000 fr.) et 24 juillet 1889 (1.168.000 fr. report de 1888), a laissé un disponible de 1.215.000 francs dont l'annulation a été prononcée par la loi du 31 mai 1890.

Cette somme étant nécessaire à la construction des travaux de défense en 1890, nous vous proposons de l'accorder.

Chapitre 55. — *Construction d'une nouvelle manutention militaire du temps de paix à Nice.* . . 100.000 fr.

L'ancienne manutention de Nice était établie dans un bâtiment dont la nue propriété appartenait ordinairement à la ville de Nice et au département des Alpes-Maritimes et dont l'usufruit appartenait à l'État.

Afin d'obtenir la disposition du bâtiment destiné à l'érection d'un Palais de Justice, la ville et le département ont offert à l'État, pour l'abandon de son usufruit, une somme de 200.000 francs (Convention du 19 décembre 1888). La moitié de cette somme, considérée comme le prix d'achat de l'usufruit immobilier, a été recouvrée par l'Administration de l'Enregistrement au titre des Produits domaniaux. L'autre moitié a été considérée comme un fonds de concours destiné à faciliter au Département de la Guerre la reconstruction d'une nouvelle manutention. Le bâtiment a été livré à la ville et au département. La fourniture du pain à la ration, comme l'emmagasinement des vivres de réserve, a été confiée à l'entrepreneur du service des vivres de la place.

Cette situation est des plus défectueuses ; elle ne saurait se prolonger, dans une place de guerre de première ligne, sans entraîner des inconvénients dont la gravité est trop évidente pour qu'il soit besoin d'y insister, et il importe de la faire cesser dans le plus bref délai possible.

L'Administration de la Guerre dispose déjà, pour organiser une nouvelle manutention du temps de paix, des 100.000 francs qui ont été versés à titre de fonds de concours par le département des Alpes-Maritimes.

Nous vous proposons de lui ouvrir, pour le même objet et au titre de l'exercice 1890, un crédit de 100.000 francs qui complètera les ressources dont elle a besoin, et qui n'entraînera d'ailleurs pour le Trésor aucune charge nouvelle, puisqu'il est d'ores et déjà couvert par un accroissement correspondant de recettes.

On nous a donné, au Ministère de la Guerre, l'assurance formelle que le crédit ne serait pas dépassé.

CHAPITRE 56. — *Aliénation de l'ex-capsulerie de Montreuil* . . . . 220.375 fr.

La loi du 23 décembre 1889 a ouvert un crédit de 220.375 francs pour la construction d'un hangar au matériel destiné à remplacer les immeubles de l'ex-capsulerie de Montreuil à aliéner au profit du Trésor.

Ce crédit n'a pu être employé en 1889 en raison de la date à laquelle il a été accordé. La loi du 30 mai 1890 l'a annulé.

Nous vous proposons de l'inscrire de nouveau au budget de 1890.

CHAPITRE 57. — *Amélioration du service de l'artillerie dans la place de Bône* . . . . 20.000 fr.

Ce crédit n'a pas été employé en 1889. Il le sera en 1890. A cet effet, l'annulation en a été prononcée sur 1889 par la loi du 31 mai 1890, sauf report à l'exercice 1890.

CHAPITRE 59. — *Déclassement d'une partie des anciennes fortifications de Grenoble. . . . .* 14.048 fr. 18

Reliquat non encore employé du crédit de 38.380 fr. 88 alloué par la loi du 23 décembre 1889.

L'annulation en a été prononcée par la loi du 31 mai 1890. Le Sénat est actuellement saisi de la demande de report à l'exercice 1890.

CHAPITRE 60. — *Reconstruction de fortifications dans le quartier de la Rhode et au nord du fossé du Party à Toulon . . . .* 64.941 fr. 25

L'annulation d'une somme de 64.941 fr. 25 restant disponible sur le crédit de 165.941 fr. 25, reporté de 1888 à 1889 par la loi du 23 décembre 1889 (chapitre 62), a été prononcée par la loi du 31 mai 1890. Une ouverture de crédit de même importance sur l'exercice 1890 est indispensable pour activer les travaux.

CHAPITRE 61. — *Construction d'une caserne destinée à remplacer la caserne Nicolaï et agrandissement du quartier de cavalerie de Grenelle. . .* 1.500.000 fr.

La loi du 26 décembre 1889 a ouvert au Ministre de la Guerre un crédit extraordinaire de 2.125.000 francs, destiné à la réorganisation du casernement de la cavalerie à Paris. Ce crédit était compensé par une recette de somme égale provenant de l'aliénation, au profit du Trésor, de la caserne Nicolaï.

Or, l'époque avancée de l'année à laquelle le crédit de 300.000 francs, représentant l'annuité de 1889, a été mis à la disposition du Département de la Guerre, n'a pas permis d'employer ce crédit. L'Administration en demande, par suite, le report à 1890, en même temps que l'ouverture à cet exercice de l'annuité de 1.200.000 francs fixée par la loi précitée.

Nous vous proposons de l'accorder.

L'annulation sur l'exercice 1889 a eu lieu par la loi du 31 mai 1890. Nous vous proposons aujourd'hui l'ouverture du crédit applicable à l'exercice 1890.

MINISTÈRE DE LA MARINE

CHAPITRE 19. — *Constructions navales* (Achats de bâtiments neufs à l'industrie). . . . . 778.125 fr.

CHAPITRE 23. — *Torpilles*. . . . . 250.000 fr.

Les dépenses auxquelles se rapportent les deux crédits demandés sur les chapitres 19 et 23 ci-dessus étaient prévues dans le programme des dépenses de 1889. Mais, par suite de retards survenus dans la livraison des bâtiments et des torpilles, elles ne pourront être payées que sur l'exercice 1890.

Nous vous proposons d'accorder ces crédits qui sont compensés par des annulations en somme égale à 1889.

CHAPITRE 24 *bis*. — *Travaux extraordinaires de défense des ports militaires* . . . . 4.500.000 fr.

La loi du 11 juillet 1889, qui autorise à faire pour 34 millions de travaux dans les ports militaires, décide qu'il sera dépensé 3 millions de francs en 1889 et 5.900.000 francs en 1890.

En exécution de cette disposition, le Gouvernement avait demandé sur 1890 un crédit additionnel de 5.900.000 francs égal à la prévision législative.

Mais il a été reconnu que sur la dotation de 3 millions allouée en 1889 il restait à dépenser au 31 décembre de cette année une somme de 1 million. Le Ministre estime qu'en ajoutant un crédit de 4 millions 1/2 à ce disponible, il aura le moyen de pourvoir à tous les travaux qui pourront être faits en 1890. Mais il a déclaré à la Commission des finances du Sénat que réduire davantage le crédit serait s'exposer à peu près inévitablement à une demande de crédit supplémentaire.

Nous vous proposons donc d'accorder le crédit de 4.500.000 francs.

MINISTÈRE DE L'INSTRUCTION PUBLIQUE ET DES BEAUX-ARTS

1re SECTION — **Instruction publique.**

Plusieurs crédits alloués au titre de l'exercice 1889 n'ont pas pu être employés, par suite de diverses circonstances, pendant cet exercice. L'annulation en a été prononcée par la loi du 31 mai 1890. (Rapport de la Commission des finances du Sénat du 29 mai 1890.)

Ce sont les suivants :

CHAPITRE 16. — *École française d'Athènes*. . . 17.000 fr.

CHAPITRE 22. — *Observatoire d'astronomie physique de Meudon* . . . . 210.580 fr. 55

CHAPITRE 23. — *Observatoires des départements*. 26.700 fr.

CHAPITRE 59. — *Publication des œuvres de Fermat* . . . . 20.432 fr. 50

Comme il est nécessaire de terminer les travaux ou les entreprises, ces crédits doivent être inscrits de nouveau au titre de l'exercice 1890, pendant lequel ils recevront leur emploi.

Nous vous proposons d'accorder ce report.

2e SECTION. — **Beaux-Arts.**

CHAPITRE 22. — *Manufacture nationale des Gobelins*. 7.500 fr.

La loi du 29 décembre 1888 portant fixation des crédits généraux de 1889 a ouvert au Ministère de l'Instruction publique et des Beaux-Arts (2e section. — Beaux-Arts. — Chapitre 21. — Manufacture nationale des Gobelins) un crédit de 231.520 francs.

L'Administration des Gobelins a informé le service des Beaux-Arts que divers modèles de tapisseries commandés à des artistes pour 1889 ne pourront être livrés que dans le courant de l'année 1890.

Il est devenu nécessaire d'annuler au budget de 1889 et d'inscrire au budget de 1890 le prix de ces modèles qui s'élève à 7.500 francs.

L'annulation a été prononcée par la loi du 31 mai 1890.

On propose aujourd'hui l'ouverture au budget de l'exercice 1890 (2e section. — Beaux-Arts) d'un crédit supplémentaire de sept mille cinq cents francs (7.500 fr.), qui sera rattaché au chapitre 21 : Manufacture nationale des Gobelins.

CHAPITRE 46. — *Isolement et agrandissement des bâtiments de l'École polytechnique. . . . .* 1.050.000 fr.

Par le projet de loi du 27 janvier 1890, le Gouvernement avait sollicité un crédit additionnel de 1.050.000 francs destiné à l'agrandissement de l'Ecole polytechnique.

Ce crédit a été ajourné avec le consentement du Ministre, afin d'étudier des combinaisons différentes tendant au déplacement de l'école et à son transfert dans d'autres locaux.

CHAPITRE 47. — *Institut agronomique. . . .* 360.000 fr.

Une loi en date du 29 mai 1889 a ouvert au chapitre 47 du budget de l'exercice 1889, section des Beaux-Arts, un crédit extraordinaire de 645.000 francs pour la continuation des travaux de construction des nouveaux bâtiments de l'Institut agronomique.

Les dépenses effectuées au titre de 1889 ne s'étant élevées qu'à 285.000 francs, il est resté sans emploi une somme de 360.000 francs qui est nécessaire pour permettre de terminer les opérations et qu'il y a lieu, par conséquent, de reporter à 1890.

L'annulation a été prononcée par la loi du 31 mai 1890. On demande actuellement l'ouverture au budget de l'exercice 1890 (2e section, Beaux-Arts) d'un crédit extraordinaire de 360.000 francs, qui sera inscrit à un chapitre spécial portant le n° 47 et libellé : « Institut agronomique ».

CHAPITRE 48. — *Location d'une salle pour l'Opéra-Comique.* . . . . 80.000 fr.

L'État étant devenu locataire du Théâtre de Paris et ayant affecté cette salle à l'Opéra-Comique, en exécution de la loi du 31 décembre 1888 qui ratifiait le bail passé à cet effet avec la ville de Paris, une somme de 80.000 francs représentant le loyer de l'année 1890 est nécessaire pour faire face à la dépense résultant de cette location.

On demande, en conséquence, l'ouverture au budget de l'exercice 1890 (2e section, Beaux-Arts), d'un crédit extraordinaire de 80.000 francs, qui sera inscrit à un chapitre spécial portant le numéro 48 et libellé : « Location d'une salle pour l'Opéra-Comique ».

Ce crédit ne peut être refusé. Il aurait dû être compris au budget de 1890. Le défaut de prévoyance a été réparé dans le budget de 1891.

CHAPITRE 49. — *Travaux de réfection et grosses réparations dans le domaine national de Versailles.* 440.000 fr.

Le Gouvernement avait demandé un crédit supplémentaire de 440.000 francs pour faire face, en 1890, aux besoins les plus urgents des palais de Versailles et de Trianon.

La Commission du budget de la Chambre et la Chambre elle-même l'ont refusé, par le double motif que les besoins pouvaient être prévus et que de telles dépenses ne sauraient justifier l'emploi de crédits supplémentaires.

Votre Commission des finances s'associe pleinement à cette saine application des principes sur les crédits additionnels.

CHAPITRE 50. — *Construction de l'École des arts et métiers de Lille* . . . . 957.000 fr.

Le projet primitif contenait, au titre de ce chapitre, une demande de crédit de 957.000 francs. Le Gouvernement a déclaré y renoncer. Il se propose de renouer de nouvelles négociations avec le département du Nord et la ville de Lille, pour aviser aux moyens de continuer l'opération au mieux des intérêts de l'État.

CHAPITRE 52. — *Installation à l'École vétérinaire de Lyon des services de police sanitaire et d'anatomie pathologique* . . . . 30.600 fr.

Le Gouvernement a consenti à ajourner la demande de crédit de 30.600 francs qu'il avait d'abord présentée pour l'installation des services de police sanitaire et d'anatomie pathologique à l'École vétérinaire de Lyon.

CHAPITRE 51. — *Travaux d'agrandissement du Conservatoire des arts et métiers* . . . . 606.190 fr.

Le Gouvernement est depuis longtemps préoccupé de la nécessité de réparer et d'agrandir le Conservatoire des arts et métiers.

Le programme des travaux, arrêté dès 1885, comportait :

La construction d'une galerie nouvelle appelée la galerie Vaucanson;

La création d'un grand laboratoire mécanique.

La restauration de la grande galerie principale.

Un crédit de 500.000 francs a été inscrit au budget de 1886 pour l'exécution de la première partie de ce programme, la construction de la nouvelle galerie Vaucanson.

Il resterait aujourd'hui à terminer ce travail, qui n'a été exécuté qu'en partie, à cause de l'insuffisance du crédit. Le Gouvernement évaluait à 606.190 francs la somme nécessaire pour achever l'œuvre. Il y aurait, en outre, à créer le laboratoire mécanique dont la dépense s'élève à 430.000 fr. et à réparer la grande galerie pour laquelle il faudrait dépenser 586.110 francs.

Dans un projet de loi spécial déposé à la Chambre le 10 décembre 1888, le Gouvernement ajournait la construction du laboratoire mécanique et bornait sa demande de crédit :

1° A l'achèvement de la galerie Vaucanson	606.190 fr.
2° A la réparation de la grande galerie.	586.110
3° Et au déplacement des collections devant être le résultat de ces travaux	35.000
Total	1.227.000 fr.

La Commission du budget de la Chambre a présenté son rapport sur cette demande le 13 juillet 1889, l'avant-veille de la clôture de la session. « Sans méconnaître, « a-t-elle dit, l'utilité des travaux demandés, nous pensons « qu'il suffit de voter les sommes nécessaires pour celle « de ces opérations qui présente un véritable caractère « d'urgence, à savoir la restauration du grand bâtiment des « collections qui menace ruine. » La Commission, après revision du devis, proposait d'allouer pour cet objet une somme de 530.000 francs, en ajournant le surplus des dépenses.

Le crédit fut voté par la Chambre dans la séance du 15 juillet 1889. « Dans l'état actuel du budget, a déclaré le « rapporteur à la tribune, il suffit de faire face aux réparations absolument urgentes et indispensables du grand « bâtiment. La Commission vous propose le vote d'un « crédit de 530.000 francs, qui sera imputé sur l'exercice « 1889, pour la consolidation de la grande galerie du Conservatoire. »

La loi a été adoptée, en effet, avec le texte ci-après :

« Il est alloué au Ministre de l'Instruction publique et des Beaux-Arts un crédit de 530.000 francs, qui sera imputé sur l'exercice 1889, pour la reconstruction de la grande galerie des collections du Conservatoire national des arts et métiers. » (*J. off.*, page 2025.)

Ce projet de loi n'a pas été transmis au Sénat par le Gouvernement. Il a été remplacé, dans le projet de loi collectif du 27 janvier 1890, par une demande de crédit de 606.190 francs ayant un objet différent. Il ne s'agit plus de faire de suite des travaux de consolidation jugés en 1889 indispensables pour empêcher la ruine des bâtiments. Il s'agit de terminer d'abord l'achèvement de la galerie Vaucanson.

Le nouveau projet du Gouvernement suggère deux réflexions.

La première, c'est qu'on s'était évidemment exagéré l'urgence des réparations de la grande galerie, puisque c'est l'administration du Conservatoire elle-même qui, après le vote de la Chambre du 15 juillet dernier, a sollicité le changement de l'affectation du crédit et demandé la préférence pour l'achèvement de la galerie Vaucanson.

La seconde, c'est que nous ne sommes plus ici, pour cette galerie, en présence d'un travail d'urgence réelle, indispensable pour la conservation des bâtiments, attendu que la Commission du budget de la Chambre leur a refusé ce caractère et en a proposé l'ajournement dans son rapport du 15 juillet 1889.

L'achèvement de la galerie est utile, nous ne le méconnaissons pas. Mais les crédits supplémentaires ne sont pas destinés à ce genre de dépenses : on les doit réserver exclusivement, ainsi que l'a proclamé la Commission du budget de la Chambre et que nous l'avons maintes fois proclamé nous-mêmes, pour des dépenses qui ne pouvaient être prévues lors de la confection du budget primitif ou qui correspondent à des lois dont l'exécution ne saurait être retardée.

C'est pour ce motif précisément que la Chambre a ajourné la demande de crédits concernant les réparations à faire au domaine de Versailles (page 51).

Votre Commission pense qu'il faut résolument ramener dans ces limites les crédits additionnels. Le Gouvernement a le devoir de faire inscrire au budget toutes les prévisions de dépenses qui lui paraissent être nécessaires. Il lui appartient de demander au Sénat, le cas échéant, le relèvement des crédits mal à propos refusés ou réduits par la Chambre; il ne faut pas le laisser se perpétuer dans la confiance que quand le budget sera voté avec des économies temporaires, il pourra obtenir, par la voie indirecte des crédits additionnels, la dotation complémentaire dont il avait besoin et auxquels il a renoncé transitoirement pour alléger la discussion du budget.

Tel est le cas actuel.

La nécessité relative des dépenses était connue depuis 1886. Le Gouvernement devait en demander l'inscription aux budgets ordinaires de ces exercices. Il avait le moyen de l'obtenir. En ne le faisant pas, il s'est fermé lui-même, d'après l'application des règles de gestion financière auxquelles il est plus que jamais nécessaire de se tenir, la voie ultérieure des crédits additionnels. Le budget de 1891 n'est pas encore en discussion. Rien n'est plus facile que d'y introduire la dépense dont il s'agit.

Votre Commission, à l'unanimité, n'hésite pas à vous proposer le rejet du crédit

Chapitre 53. — *Extension du Musée de sculpture comparée*. 140.000 fr.

A la date du 9 octobre 1888, le Gouvernement a compris dans un projet de loi collectif (N° 311) la demande d'un crédit de 150.000 francs destiné à l'extension du musée de sculpture comparée. L'exposé des motifs faisait connaître que la dépense dont il s'agit avait été détachée d'un devis général des travaux de réfection du palais tout entier, qui devait être soumis dans son ensemble au Parlement ; on ajoutait que ce détachement était justifié par l'urgence qu'il y avait à entreprendre des travaux nécessaires au développement des collections, pour qu'elles puissent figurer à l'Exposition de 1889.

Votre Commission des finances, dans son rapport du 13 décembre 1888, vous a proposé l'ajournement du crédit.

Elle a invoqué les considérations suivantes :

1° En présence des nécessités financières qui font un devoir au Parlement d'ajourner toutes les dépenses dont le caractère indispensable n'est pas utile, il convient d'engager l'Administration à rechercher dans ses crédits ordinaires le moyen de procéder graduellement à l'extension du musée au lieu d'engager immédiatement la dépense ;

2° S'il était véritablement nécessaire de terminer l'installation des collections pour l'Exposition de 1889, c'est au moment du vote des crédits spéciaux accordés par la loi du 19 juin 1888 qu'il fallait la demander au Parlement. Ces crédits spéciaux s'élèvent à 3.968.252 fr. 50, et le service des Beaux-Arts y participe pour 772.730 francs. L'Administration peut certainement y trouver, par un judicieux emploi, le moyen de satisfaire tous les besoins ;

3° Enfin il a paru, à l'époque avancée où parvenait la demande de crédit (13 décembre 1888), impossible d'accorder utilement un crédit pour des travaux à entreprendre en 1888 dont la clôture était imminente.

Les prévisions de la Commission des finances se sont réalisées.

Les travaux indiqués comme urgents en vue de l'Exposition consistaient, d'après l'exposé des motifs, dans des appareils de chauffage, refection des dallages, changement dans la vitrerie, établissement de velums, châssis, tampons, etc. Or, le rejet du crédit n'a pas du tout empêché le service des Beaux-Arts de placer les collections et d'en faire une annexe très intéressante et très visitée de l'Exposition. Le crédit n'était donc, à ce point de vue, ni urgent ni indispensable.

Nous croyons qu'il ne l'est pas devenu davantage aujourd'hui.

La Commission ne méconnait pas l'utilité du musée de sculpture comparée et elle s'associe au désir de le voir se développer encore. Mais il ne faut pas perdre de vue la règle générale qui a servi de base à l'examen du projet de loi actuel et qui a été rappelé dans le rapport de la Commission du budget de la Chambre, à savoir que le devoir impérieux du Parlement est d'écarter du projet « toutes les « demandes qui ne correspondaient pas à des besoins im- « prévus ou à des lois nouvelles dont l'exécution pourrait être « retardée ». Il ne s'agit pas ici d'un besoin imprévu ; il ne s'agit pas davantage d'assurer l'exécution d'une loi nouvelle ; il s'agit uniquement d'améliorer un musée de formation récente.

L'installation actuelle est fort convenable. Elle est très accessible au public. Elle ne diffère de celle des salles de l'Est qu'en ce que le chauffage n'y est pas établi et en ce que les boiseries régnant au bas des murs font défaut. Mais ces améliorations ne sont pas à ce point urgentes qu'il soit nécessaire d'y pourvoir au moyen d'un crédit supplémentaire.

Votre Commission ne croit pas que les nécessités financières qui l'ont déterminée à rejeter le crédit en 1888 se soient modifiées. Elle persiste à repousser la demande, sauf au Gouvernement à demander l'extension au budget de 1891 des crédits généraux relatifs au service des musées.

Chapitre 54. — *Réfection des bâtiments de la manufacture nationale des Gobelins* . . . . 96.275 fr.

Une loi en date du 27 mai 1889 a ouvert au chapitre 54 du budget de l'exercice 1889, section des Beaux-Arts, un crédit extraordinaire de 100,000 francs pour travaux de réfections dans les bâtiments de la manufacture nationale des Gobelins.

Les dépenses effectuées au titre de 1889 ne s'étant élevées qu'à 3.725 francs, il est resté sans emploi une somme de 96.275 francs qu'il y a lieu de reporter à 1890.

On demande, en conséquence, l'ouverture au budget de l'exercice 1890 (2e section, Beaux-Arts) d'un crédit extraordinaire de 96.275 francs, qui sera inscrit à un chapitre spécial portant le n° 54 et libellé : « Réfection des bâtiments de la manufacture nationale des Gobelins ».

L'annulation correspondante a été prononcée au titre du budget de 1889 par la loi du 31 mai 1890.

MINISTÈRE DU COMMERCE, DE L'INDUSTRIE ET DES COLONIES

1re SECTION. — **Commerce et Industrie.**

CHAPITRE 2. — *Matériel et dépenses diverses de l'Administration centrale* . . . . 35 398 fr.

Une loi en date du 23 décembre 1889 a ouvert au chapitre 2 : *Matériel et dépenses diverses de l'Administration centrale*, de l'exercice 1889, un crédit supplémentaire de 37.950 francs pour payer les dépenses nécessaires à la translation rue de Varenne des services du Ministère du Commerce, de l'Industrie et des Colonies, encore logés temporairement dans les bâtiments du boulevard Saint-Germain, n° 244, affectés au Ministère des Travaux publics, ainsi qu'à l'achat du mobilier indispensable au service des brevets, à l'ameublement de la grande salle des commissions et de la bibliothèque.

Le crédit supplémentaire précité n'ayant été voté que peu de temps avant la fin de l'année 1889, une dépense de 2.552 francs seulement a pu être effectuée sur ce crédit pendant ledit exercice.

Il y a lieu, dès lors, d'annuler sur les crédits du budget de 1889 la portion disponible de 35.398 francs et de la reporter au budget de l'exercice 1890, chapitre 2 : *Matériel et dépenses diverses de l'Administration centrale.*

L'annulation au budget de 1889 a été prononcée par la loi du 31 mai 1890. Il reste à ouvrir le crédit correspondant en 1890.

CHAPITRES 9 et 33. — *École d'apprentissage de Dellys* . . . . 18.900 fr.

Le Gouvernement avait demandé, sur ces chapitres, deux crédits s'élevant à 7.900 francs et à 11.000 francs pour améliorer et agrandir l'école.

Ces crédits ont été ajournés par la Commission du budget de la Chambre pour défaut de justification.

CHAPITRE 26. — *Vérification des alcoomètres*. . 1.000 fr.

D'après l'Exposé des motifs, ce crédit est destiné à faire face, d'une part, à l'augmentation du loyer du bureau de vérification des alcoomètres qui n'avait été prévu au budget de 1890 que pour une somme de 4.500 francs, et qui, en vertu du bail consenti en 1884, s'est trouvé porté à 5.000 francs à dater du 1er janvier courant ; et de l'autre, aux dépenses occasionnées par l'accroissement du nombre de densimètres à vérifier, ainsi que par la vérification des thermomètres médicaux qui a été récemment autorisée.

La nécessité du crédit résulte principalement de la loi du 6 juin 1889, qui a rendu obligatoire la vérification des densimètres en usage dans les sucreries.

Il convient, d'ailleurs, de faire remarquer que les recettes du bureau de vérification des alcoomètres se sont élevées en 1889 à 25.601 francs, et qu'une augmentation de taxes est à prévoir pour l'exercice courant. Les recettes couvrent donc les dépenses, et, d'un autre côté, la vérification des alcoomètres procure au Trésor un bénéfice considérable, en facilitant le recouvrement de l'impôt sur l'alcool, qui donnait lieu auparavant à de sérieuses difficultés et à des fraudes nombreuses.

Votre Commission propose de voter ce crédit.

CHAPITRE 32. — *Publication des résultats statistiques du dénombrement de l'Algérie et du dénombrement des Français à l'étranger* . . . . 3.000 fr.

Les résultats du dénombrement de la population effectué en Algérie en 1886 sont restés jusqu'ici à l'état de travail manuscrit, faute de fonds pour les publier; il en est de même des renseignements envoyés par nos agents diplomatiques et consulaires à l'étranger et relatifs aux Français qui se trouvaient dans leurs circonscriptions respectives lors du recensement de 1886.

Afin de ne pas laisser inutiles ces importants travaux, on sollicitait l'ouverture d'un crédit de 6.000 francs destiné à faire face aux frais d'impression de ces documents.

Le Gouvernement a depuis réduit sa demande à 3.000 francs.

Elle paraît justifiée.

Chapitre 34. — *Expositions internationales de 1888* . . . . 12.302 fr. 82

Il a été ouvert au budget de l'exercice 1889, par report de l'exercice 1888, un crédit de 18.761 fr. 43 sous la rubrique : *Expositions internationales de 1888*. Sur cette somme, celle de 6.458 fr. 61 a été employée à la liquidation de dépenses justifiées jusqu'au 31 décembre 1889. Le reliquat, soit 12.302 fr. 82, est destiné à faire face aux règlements ultérieurs des frais occasionnés par l'exposition de Melbourne, ainsi qu'à la publication des rapports des jurys, à la frappe et à la distribution des médailles commémoratives, etc.

En conséquence, la loi du 27 mai 1890 a prononcé l'annulation, au titre de l'exercice 1889, de la somme précitée de 12.302 fr. 82, et on propose aujourd'hui le report de pareille somme au budget de l'exercice 1890.

Chapitre 35. — *Caisse nationale de retraites pour la vieillesse* . . . . 40.000 fr.

La demande de crédit de 40.000 francs du Gouvernement a été réservée par la Commission du budget de la Chambre pour faire le sujet d'un rapport spécial.

2e SECTION. — **Postes et Télégraphes.**

Le service des Postes et des Télégraphes est un de ceux qui donnent lieu le plus fréquemment à des demandes de crédits supplémentaires importants.

Les crédits de l'espèce, votés pour l'exercice 1889, se sont élevés à . . . . 6.062.012 fr. 78

I. — *Crédits extraordinaires.*

Exposition (Lois du 17 avril et du 24 juillet 1889)	965.819 fr. 03
Établissement d'un câble avec la Corse (Loi du 23 décembre 1889)	530.000 »
Élections législatives (Loi du 31 mai 1890)	577.095 »
Total.	2.072.914 fr. 03

II. — *Crédits pour l'application de lois votées :*

1° Rachat des câbles franco-anglais exploités par la *Submarine Telegraph Company* (Loi du 29 mars 1889)	300.944 fr. 55	1.284.192 18
(Crédit ouvert par la loi du 17 février 1890.)		
2° Rachat des réseaux exploités par la Société générale des Téléphones (Loi du 16 juillet 1889). .	983.247 63	

(Crédits ouverts par les lois des 17 février et 31 mai 1890.)

III. — *Crédits pour insuffisances de prévisions budgétaires :*

Développement des services, indemnités de personnel (Lois des 29 mai et 23 décembre 1889, des 17 février et 31 mai 1890)	1.168.455 fr. »	3.667.961 18
Remboursement aux offices étrangers (Loi du 17 février 1890).	1.286.988 62	
Primes à la vitesse (Loi du 17 février 1890).	1.212.517 56	
A reporter.		7.025.067 39

Report.		
IV. — *Exercices périmés* (Loi du 29 mai 1889)	19.320	77
V. — *Exercices clos* (Lois des 29 mai et 23 décembre 1889).	2.548	62
Total général.	7.046.936	78

Il est vrai qu'il n'a pas été fait face à l'intégralité de ces dépenses au moyen des ressources générales du budget ordinaire de l'exercice 1889 ; une partie, soit 984.924 francs, a été gagée par des ressources spéciales, savoir :

1° Avance effectuée par la Caisse des dépôts et consignations en vertu de la loi du 16 juillet 1889. . . .	500.000 fr. »		
2° Subventions versées par des villes, des communes, etc., à titre de fonds de concours (Lois du 29 mai 1889 et du 31 mai 1890).	484.924 »	984.924	»
		6.062.012	78

Il y a lieu d'ajouter que des annulations de crédits pour une somme de. . . 958.000 »
ont été prononcées sur certains chapitres par les lois du 29 mai 1889, des 17 février et 31 mai 1890.

Il en résulte que les crédits ouverts à l'Administration des Postes et des Télégraphes en addition aux crédits alloués par la loi de finances de l'Exercice 1889 s'élèvent à. . . . . 5.104.012 fr. 78

L'exercice 1890 était à peine commencé que, dans un projet de loi du 27 janvier 1890, le service des Postes demandait sur cet exercice 1890 une série de crédits additionnels résumés dans le tableau suivant :

ÉSIGNATION DES SERVICES	NATURE DES DÉPENSES	TOTAL	
		PARTIEL	PAR CHAP
		francs.	francs.
tement du directeur général et personnel de l'Administration centrale..	Création d'emplois	24.300	24.3
tements du personnel et indemnités titre de traitement. (Agents.)	Crédit égal aux produits de contributions diverses encaissées par le Trésor	255.240	
	Création d'emplois et augmentations	150.200	
	Crédit de réintégration des employés libérés du service militaire	151.917	557.3
tements du personnel et indemnités titre de traitement. (Sous-agents).	Crédit égal aux produits de contributions diverses encaissées par le Trésor	19.590	
	Création d'emplois de facteurs	207.650	227.2
mnités diverses et secours	Crédit égal aux produits de contributions diverses encaissées par le Trésor	60.920	60.9
ussures et habillement	Habillement de facteurs nouvellement créés	20.883	20.8
riel des bureaux	Crédit égal aux produits de contributions diverses encaissées par le Trésor	115.278	
	Frais du bureau créé à Toulouse	800	116.0
ressions et publications	Crédit égal aux produits de contributions diverses encaissées par le Trésor	2.560	2.5
nsport des dépêches postales..	Crédit égal aux produits de contributions diverses encaissées par le Trésor	14.643	14.6
areils et matériel technique d'exploitation	Crédit égal aux produits de contributions diverses encaissées par le Trésor	480	4
enses diverses	Crédit égal aux produits de contributions diverses encaissées par le Trésor	9.700	
	Distribution des dépêches à Constantinople	5 220	14.9
vention au service maritime de l'Australie et de la Nouvelle-Calédonie..	Augmentation de la subvention par suite du redressement du tableau des distances	6.720	6.7
sonnel de l'Algérie	Crédit égal aux produits de contributions diverses encaissées par le Trésor	27.880	27.8
ériel de l'Algérie	Crédit égal aux produits de contributions diverses encaissées par le Trésor	4.795	4.7
blissement d'un second câble sous-marin entre le continent et la Corse..	Report de 1889	530.000	530.0
	TOTAL		1.608.7

Ces crédits nouveaux ont été réduits par le vote de la Chambre des Députés à . . . . 1.497.584 fr.

Nous devons reconnaître qu'ils sont, pour la presque totalité, la conséquence de lois antérieurement votées et à l'exécution desquelles vous ne pouvez plus vous soustraire. Mais l'économie primitive du budget n'en est pas moins profondément troublée et c'est un résultat qui démontre combien il serait souhaitable de voir se tarir la source de ces dépenses imprévues.

CHAPITRE PREMIER. — *Traitement du directeur général et personnel de l'Administration centrale.* 24.300 fr.

Le décret du 13 août 1889, rendu sur l'avis conforme du Conseil d'Etat, a apporté dans la constitution des cadres du personnel de l'Administration centrale des postes et des télégraphes, tels qu'ils ont été constitués par un décret en date du 28 juillet 1887, certaines modifications que l'application de la nouvelle loi sur les téléphones et les résultats de l'expérience avaient rendues nécessaires.

Ces modifications se traduisent par la création d'un emploi d'administrateur, de deux emplois de chef de bureau et d'un emploi de sous-chef de bureau, ainsi que par la transformation de vingt-deux emplois de commis en un même nombre d'emplois d'expéditionnaire.

La dépense résultant des créations s'élève en annuités, savoir :

Pour un administrateur (traitement moyen 13.500 fr), à . . . . 13.500 fr.

Pour 2 chefs de bureau (traitement moyen 8.500 francs), à. . . . . 17.000 fr.

A reporter. . . . 30.500 fr.

Report.	30.500 fr.
Pour 1 sous-chef de bureau (traitement moyen 5.500 francs), à	5.500 fr.
Total.	36.000 fr.

D'autre part, le traitement moyen des commis étant de 2,500 francs et celui des expéditionnaires de 1,600 francs seulement, l'économie à réaliser du fait de la transformation de vingt-deux emplois de commis en vingt-deux emplois d'expéditionnaire ressortirait, à raison de 900 francs par unité, à une somme totale annuelle de 19,800 francs.

Mais comme, sur la proposition de l'Administration, le Parlement a déjà réduit de 9 commis le nombre fixé par le décret précité du 28 juillet 1887, il ne reste plus à opérer que treize transformations, ce qui réduit l'économie à 11.700 francs. Si l'on déduit cette somme de . 11.700 fr. du montant de la dépense indiquée plus haut, l'augmentation se trouve, en réalité, ramenée à 24.300 fr.

Le crédit afférent au dernier trimestre de 1889 avait été déjà demandé par l'Administration et voté par la Chambre. Votre Commission des finances en a reconnu la nécessité dans son rapport du 21 janvier 1890, sans pouvoir cependant en proposer l'adoption à cause de la clôture de l'exercice. Il s'agit aujourd'hui d'assurer l'exécution de la mesure pour l'année 1890. Nous pensons, en conséquence, que la dotation de 24.300 francs doit être votée.

Elle est comprise dans les prévisions budgétaires de 1891.

Mais nous avons le devoir de constater que plusieurs des nominations autorisées par le décret du Conseil d'Etat ont eu lieu au cours de l'année 1889, avant le vote par le Sénat des crédits afférents à ces emplois. C'est là une grave irrégularité que nous avons eu déjà occasion de relever antérieurement dans des circonstances analogues; c'est une méconnaissance regrettable des droits du Parlement. Aucune décision ministérielle, aucune décision du Conseil d'Etat ne peut avoir pour effet de justifier des créations d'emplois nouveaux qui ne sont pas reconnus par la loi. Ces créations sont essentiellement subordonnées à l'octroi du crédit budgétaire. Nous ne pouvons donc que regretter les nominations prématurées qui ont eu lieu. Mais comme ces nominations répondent en réalité à des besoins certains, votre Commission, soucieuse de la bonne gestion des services publics, vous propose de voter les crédits demandés pour 1890.

CHAPITRE 5. — *Traitements du personnel et indemnités à titre de traitement (agents)*. . . . . 124.700 fr.

Ce crédit se compose de plusieurs éléments :

1° Création d'emplois de commis :

La loi du 17 février 1890 a approuvé la création, au cours de l'exercice 1889, de 50 commis auxiliaires à Paris et de 6 commis auxiliaires à Toulouse, et elle a alloué, pour le traitement de ces agents pendant la durée de leur service en 1889, deux crédits de 29.179 francs et de 2.555 francs, ensemble 31.734 francs. (Rapport de la Commission des finances du Sénat du 21 janvier 1890.)

Il y a lieu d'assurer le payement de la dépense totale de l'année 1890, soit, pour 56 commis au traitement moyen de 1.700 francs, une somme de . . . . 95.200 fr.

2° La même loi a autorisé également la création d'un receveur à Toulouse et ouvert le crédit applicable à 1889 (1.166 fr.). Le traitement moyen de l'exercice 1890 est de. . . . 3.500

3° En 1886, l'Administration avait créé, pour répondre au développement du service télégraphique, 19 emplois de commis dont le traitement a été payé jusqu'en 1888 au moyen

A reporter . . . 98.700 fr.

Report. . . . . 98.700 fr.

de fonds de concours versés par les départements et les communes pour la construction et l'entretien des lignes d'intérêt privé. Ces fonds de concours ont été, à partir de 1888, rattachés au chapitre du matériel auquel ils appartenaient, et pour 1889 un crédit supplémentaire de 26.000 francs a dû être ouvert à l'Administration. (Loi du 17 février 1890.) La Direction générale faisait remarquer, pour 1890, que le traitement moyen des 19 commis exigeait une dotation de 51.500 francs, et elle demandait que cette somme lui fût intégralement allouée afin de ne pas être forcée, comme en 1889, de prendre la différence entre 26.000 francs et 51.500 francs sur l'ensemble du chapitre déjà très restreint pour assurer l'avancement normal des agents du cadre. La Chambre des Députés a pensé que le service ayant pu être effectué en 1889 avec un crédit supplémentaire de 26.000 francs, il n'y avait pas de motif d'en élever le chiffre pour 1890.

Le Gouvernement ne demande pas au Sénat le relèvement du crédit. 26.000

Total. . . . . 124.700 fr.

Nous vous proposons de voter la somme de 124.700 fr.

CHAPITRE 5. — *Traitements du personnel et indemnités à titre de traitement*. . . . . 100.000 fr.

Avant 1889, les agents des postes appelés à faire leur service militaire étaient obligés, après leur libération de ce service, de subir d'assez longs délais pour obtenir leur réintégration. On avait dû les remplacer par d'autres agents d'un traitement inférieur et ils attendaient à la suite que le cours des vacances permît de les reclasser.

Le Parlement a accordé, pour améliorer cette situation, au titre de l'exercice 1889, un crédit de 31.250 fr. applicable au dernier mois de cet exercice. (Rapport de la Commission des finances du Sénat du 26 novembre 1889).

Il y a lieu de renouveler cette allocation pour le budget de l'exercice 1890.

Elle ne saurait être calculée sur les mêmes bases, car les vacances normales dont profiteront les militaires libérés seront beaucoup plus nombreuses, les commis détachés au service de l'Exposition ayant été à peu près tous remplacés. L'Administration avait d'abord évalué à 151.197 francs la somme qui paraissait nécessaire. (Projet de loi du 27 janvier 1890). Mais elle estime, d'après les résultats acquis et l'expérience faite depuis, qu'une dotation de 100.000 francs sera suffisante. C'est celle que la Chambre a votée et que nous vous proposons aussi d'allouer.

Il faut remarquer, à cet égard, qu'aucune compensation ne peut être établie, en ce qui concerne le montant du traitement entre les agents qui rentreront du service militaire et ceux qui seront appelés sous les drapeaux en 1890; en effet, au moment de leur appel, les premiers avaient déjà le grade de commis, tandis que les seconds ne seront que surnuméraires ou auxiliaires, par suite des retards apportés dans la marche de l'avancement.

Mais tout fait présumer qu'à partir de 1890, les rentrées d'anciens employés venant du service se compenseront avec les départs d'autres employés appelés sous les drapeaux, et que ces compensations s'établiront par équivalence de grade et de traitement.

Chapitre 5. — *Traitements du personnel et indemnités à titre de traitement (agents)*	255.240 fr.
Chapitre 6. — *Traitements du personnel et indemnités à titre de traitement (sous-agents)*	19.590
Chapitre 7. — *Indemnités diverses et secours.*	60.920
Chapitre 9. — *Matériel des bureaux.*	115.278
Chapitre 10. — *Impressions et publications.*	2.560
Chapitre 11.— *Transport des dépêches postales.*	14.643
Chapitre 12. — *Appareils et matériel technique d'exploitation*	480
Chapitre 14. — *Dépenses diverses.*	9.700
Chapitre 24. — *Personnel de l'Algérie*	27.880
Chapitre 25. — *Matériel de l'Algérie.*	4.795
Total des crédits demandés.	511.086 fr.

Jusqu'au 1er janvier 1889, un certain nombre de contributions versées par des départements, des villes, des communes, des établissements et des particuliers, soit pour le service postal, soit pour le service télégraphique, étaient prises en charge depuis plusieurs années par les receveurs des finances, au compte de : *Fonds de concours pour dépenses publiques*.

Ces versements étaient ensuite rattachés par décrets aux crédits de l'Administration des postes et des télégraphes pour assurer le payement des dépenses de personnel et d'exploitation occasionnées par les travaux pour lesquels étaient versées les contributions en question.

Les subventions dont il s'agit sont, pour l'exercice 1890, les suivantes :

1° Remboursements par la Caisse nationale d'épargne des dépenses résultant des travaux effectués pour son compte dans les directions départementales et les recettes composées. . . . . 162.600 fr.

2° Contributions versées par les communes pour l'obtention de recettes municipales . . . 47.440

3° Contributions versées par des villes pour les frais d'exploitation de bureaux succursales 39.000

4° Contributions des communes à l'établissement de facteurs-boîtiers 12.240

5° Remboursements par diverses compagnies des traitements et indemnités alloués aux agents affectés au service de leurs fils spéciaux. 75.025

6° Contributions des communes aux frais de service de nuit et de demi-nuit. 51.630

7° Subventions payées par divers pour l'établissement de transport de dépêches par voitures et par bateaux 14.643

8° Contributions des communes aux frais de loyers de bureaux de poste et de télégraphe, et participation de la Caisse nationale d'épargne au prix de loyer des immeubles affectés aux directions départementales 108.508

511.086 fr.

Ce mode de comptabilité n'était pas conforme aux véritables principes budgétaires. Il convenait, en effet, pour la sécurité des opérations et pour leur surveillance, de faire figurer en dépense au budget les frais correspondants aux services accomplis par l'Administration et de porter en recette, parmi les revenus du Trésor, les sommes versées par les intéressés. C'est ce que le Sénat a déjà décidé pour l'exercice 1889 par la loi du 29 mai de cette année. (Rapport de la Commission des finances du Sénat du 23 mai 1889.)

L'inscription des crédits ci-dessus ne constitue d'ailleurs pour 1890, comme elle n'a constitué pour 1889, qu'une mesure d'ordre, puisque les crédits ont leur contre-partie dans l'augmentation des recettes. On fera seulement remarquer, sur ce dernier point, que les évaluations de recette de 1890 ne doivent être augmentées que d'une somme de 486.821 francs au lieu de 511.086 francs, attendu que la différence entre ces deux sommes, soit 24.265 francs, correspondant aux versements que faisait la *Submarine Telegraph Company*, ne doit plus être remboursée, l'État exploitant lui-même, depuis le 1er avril 1889, les lignes qu'il a rachetées à cette Compagnie, en vertu de la loi du 29 mars 1889.

Cette différence de 24.265 francs, qui constitue une dépense de l'État, doit être restituée au budget de l'Administration. Elle le sera par l'inscription au chapitre 5 d'un crédit supplémentaire de 17.850 francs, qui portera ce crédit total à 242.550 francs. . . . . 17.850 fr.

Et par l'inscription au chapitre 7 (Indemnités diverses et secours) d'une somme de. . . 6.415

En tout . . . . 24.265 fr.

CHAPITRE 6. — *Traitements du personnel et indemnités à titre de traitement (sous-agents)*. . . . . 176.400 fr.

Un crédit de 69.215 francs a été ouvert au chapitre 6, en l'absence des Chambres, par un décret du 14 septembre 1889, rendu en Conseil d'Etat, afin de permettre à la Direction générale des postes et des télégraphes de procéder à la création d'un emploi de gardien de bureau à Toulouse, ainsi qu'à la création de 101 facteurs de ville dans les départements et de 100 facteurs locaux ou ruraux.

Ce crédit, soumis à la sanction du Parlement pour régularisation, a été voté par la Chambre des Députés et par le Sénat (Rapport de la Commission des finances du Sénat du 21 janvier 1890.)

La création dont il s'agit ayant été faite à titre permanent, l'Administration avait demandé, en 1890, l'intégralité de l'annuité résultant de cette dépense.

L'Administration avait calculé cette annuité de la manière suivante :

Pour un gardien de bureau au taux moyen de 1.400 fr. (de 1.000 à 1.800 fr.)	1.400 fr.
Pour 101 facteurs de ville dans les départements au taux moyen de 1,250 francs (minimum 1,000, maximum 1.500).	126.250
Et pour 100 facteurs locaux ou ruraux au taux de 800 francs pour chacun d'eux en moyenne.	80.000
Total.	207.650 fr.

Tous les emplois de facteurs ruraux sont aujourd'hui créés. Au 1er janvier 1890, il restait à pourvoir à la nomination de 25 facteurs de ville sur les 101 dont la création a été autorisée. Pour répondre aux demandes d'économies de la Commission du budget de la Chambre, l'Administration a consenti à ajourner la nomination de ces 25 facteurs.

Tel est le motif de la réduction votée par la Chambre.

Si les 25 facteurs n'étaient pas absolument nécessaires, l'Administration n'aurait pas dû les demander en 1889 et se faire allouer les crédits qui s'y rapportaient ; si leur nécessité est d'une urgence indiscutable, elle n'aurait pas dû consentir à la réduction du crédit. Il est regrettable que le Parlement soit appelé à revenir, à quelques mois d'intervalle, sur l'exécution d'une mesure qu'il a cru nécessaire et qui peut-être lui sera prochainement redemandée.

Le Ministre ne sollicitant pas le relèvement du crédit, nous ne pouvons que vous proposer de voter la somme de 176.400 francs.

CHAPITRE 7. — *Indemnités diverses et secours.* 6.415 fr.

Les causes de ce crédit additionel sont indiquées dans les observations présentées ci-dessus au sujet des fonds de concours (chap. 5, 6, 7, 9, 10, 12, 14, 24 et 25).

CHAPITRE 8. — *Chaussure et habillement.* . . 18.358 fr.

Un crédit de 20.883 francs avait été demandé par l'Administration pour faire face aux frais d'habillement ainsi qu'aux indemnités de chaussure à allouer, conformément aux lois de finances, aux titulaires des nouveaux emplois dont il est question au chapitre 6. Une réduction de 2.525 francs, correspondant à celle qui est indiquée pour ce chapitre, a été accordée par l'Administration. La dépense est donc ramenée à la somme de 18.358 francs.

CHAPITRE 9. — *Matériel des bureaux* . . . . . . 800 fr.

Ce crédit suplémentaire de 800 francs est la conséquence de la création à partir du 1er septembre 1889 d'un bureau succursale à Toulouse.

CHAPITRE 11. — *Dépenses diverses* . . . . 5.220 fr.

ARTICLE 3. — *Frais d'aide.*

La distribution des correspondances, dans les villes de l'étranger où la France entretient des établissements de poste s'effectue, en principe, exclusivement aux guichets des bureaux. Depuis quelques années, toutefois, l'usage s'était introduit, à Constantinople, de faire porter les correspondances à domicile par des facteurs auxiliaires qui n'étaient rétribués que par les destinataires.

Il y avait là, pour la poste française, une cause d'infériorité vis-à-vis des postes étrangères et ottomanes, qu'il a paru convenable de faire cesser en rendant gratuite la distribution à domicile et en allouant une indemnité mensuelle de 30 francs aux trois gardiens de bureau, soit . . . . 1.080 fr.
et un salaire de 115 francs par mois aux trois facteurs auxiliaires chargés du service, soit. . . 4.140

Total. . . . . 5.220 fr.

Pour acquitter les dépenses résultant de l'organisation, à partir du 1er octobre 1889, de ce service de distribution gratuite à Constantinople, un crédit de 1.305 francs a été alloué pour l'exercice 1889. (Rapport de la Commission des finances du Sénat du 21 janvier 1890.)

Comme il s'agit d'une dépense permanente et qu'aucun crédit n'a été alloué au budget de 1890, pour y faire face, l'organisation de ce service à Constantinople ayant été décidée postérieurement à l'établissement de ce projet de budget, il y a lieu d'allouer un crédit supplémentaire de 5.220 francs représentant l'intégralité de la dépense annuelle.

Un crédit d'égale somme a été compris dans les prévisions de dépense du projet de budget de l'exercice 1891.

Chapitre 21. — *Subvention pour le service entre la France, l'Australie et la Nouvelle-Calédonie. . . .* 6.720 fr.

En vertu de la convention du 30 juin 1886, approuvée par la loi du 7 juillet 1887, la Compagnie des Messageries maritimes a droit pour les parcours qu'elle effectue de France en Australie, la Nouvelle-Calédonie et aux Iles Mascareignes, à une rémunération de 32 francs par lieu marine parcourue sur la ligne principale et de 20 francs sur la ligne annexe.

Les crédits alloués pour cette dépense au budget de 1890 s'élèvent à 3.079.104 francs.

Mais, par suite d'une rectification au tableau des distances indiquées à l'itinéraire de la ligne d'embranchement des Mascareignes, le parcours annuel sur cette ligne a été reconnu être exactement de 8.960 lieues marines au lieu de 8.624, chiffre prévu par l'article 4 de la convention conclue le 30 juin 1886 entre l'Etat et la Compagnie des Messageries maritimes. Cette Compagnie a donc droit, pour cet excédent de parcours, qui est annuellement de 336 lieues marines, à un supplément de subvention s'élevant à 6.720 francs.

On propose, en conséquence, d'accorder sur le chapitre 21 : « Subvention pour le service entre la France, l'Australie et la Nouvelle-Calédonie », l'allocation, au titre de l'exercice 1890, d'un crédit supplémentaire d'égale somme, soit de 6.720 francs.

CHAPITRE 26 *ter*. — *Établissement d'un second câble sous-marin entre le continent et la Corse*. . . 530.000 fr.

Une loi en date du 23 décembre 1889 a ouvert au Ministre du Commerce, de l'Industrie et des Colonies (2ᵉ section. — Postes et Télégraphes) sur l'exercice 1889, un crédit extraordinaire de 530.000 francs applicable à l'établissement d'un second câble sous-marin entre le continent et la Corse.

Aucune dépense n'ayant pu être faite pendant l'année 1889, on demande, et nous vous proposons d'autoriser la réouverture de ce crédit sur l'exercice 1890.

Une annulation correspondante a été effectuée sur 1889 par la loi du 31 mai 1890. (Rapport de la Commission des finances du Sénat du 29 mai 1890.)

3e SECTION. — **Service colonial.**

CHAPITRE 6.— *Pérsonnel des services militaires aux colonies*. . . . . 319.800 fr.

Ce crédit, que nous proposons d'accorder, se compose de trois parties :

1° La première, s'élevant à 71.000 francs, a pour objet de pourvoir aux dépenses d'une compagnie de conducteurs d'artillerie à Diégo-Suarez.

Cette compagnie a été formée de la manière suivante :

A l'époque où les besoins des divers services militaires du Tonkin et de Madagascar étaient assurés au moyen de crédits extraordinaires, il existait à Formose un certain nombre de chevaux et de mulets entretenus sur ces crédits et qui devinrent inutiles après la conclusion du traité de paix de Hué.

Le Ministre de la Marine prescrivit de transporter ces animaux à Madagascar pour la formation d'une compagnie de conducteurs d'artillerie, destinée à assurer le service des transports pendant les hostilités.

Cette compagnie ne figurait pas dans les prévisions établies par la marine à l'époque où le Gouvernement demanda et obtint, en 1888, que les crédits nécessaires pour faire face aux dépenses de l'occupation définitive de Diégo-Suarez, devenu colonie française, fussent rattachés au budget colonial. Jusqu'en 1889, la compagnie a été payée sur les crédits provisoirement ouverts par le Gouvernement, conformément au décret de 1852.

L'irrégularité de la situation a été dénoncée au service des colonies par le Gouverneur le 26 février 1889 et par une note de l'inspection générale de l'artillerie du 8 mai suivant.

Pour 1891, les crédits nécessaires sont compris dans le projet de budget.

Pour 1889, le Parlement a alloué un crédit supplémentaire de 31.261 francs. (Rapport de la Commission des finances du Sénat du 21 janvier 1890).

Il reste à régulariser la dépense de 1890, par l'allocation d'un autre crédit additionnel de 71.000 francs, représentant la dépense de la campagne.

2° La seconde partie du crédit, montant à 180.800 francs, est la conséquence inévitable de la loi du 18 mars 1889, sur le rengagement des sous-officiers.

Indemnité de logement aux sous-officiers mariés rengagés ou commissionnés	8.800 fr.
Première mise d'entretien à 190 sous-officiers rengagés	125.000
Gratifications annuelles aux sous-officiers rengagés.	47.000
Total.	180.800 fr.

Le calcul de cette dépense a été établi d'après le quart de l'effectif pour la première mise d'entretien et la gratification annuelle et 1/10 pour l'indemnité de logement.

3° Enfin, le troisième crédit concerne la milice d'Obock. Il est destiné à permettre à notre colonie de faire face aux obligations nouvelles que lui imposent la répression de la traite des esclaves et la protection des caravanes.

Par une récente convention conclue avec le Gouverneur de la colonie, le sultan de Tadjoural s'est engagé à supprimer l'esclavage dans ses Etats et à prendre des mesures pour empêcher le passage des convois d'esclaves provenant de l'intérieur et se rendant à la côte pour s'embarquer à destination des côtes d'Arabie. Des engagements de même nature liaient déjà le sultan de Rahectal et les autres chefs indigènes. Pour seconder, en ce qui nous concerne, l'exécution de ces conventions, il est devenu nécessaire d'exercer une surveillance efficace pour empêcher que la traite des esclaves ne continue à se pratiquer clandestinement. Il a paru, dès lors, indispensable de créer une garde indigène qui, outre la répression de la traite, serait chargée d'assurer la sécurité des routes commerciales, de maintenir la tranquillité, de protéger les mouvements des caravanes dirigées par des Européens et qui serait en mesure, au besoin, de réprimer avec vigueur les crimes commis sur les voyageurs, explorateurs et missionnaires.

Le crédit nécessaire pour l'organisation de cette milice avait paru devoir s'élever à 168.000 francs. Mais comme la situation s'est améliorée depuis le dépôt du projet de loi, le Gouvernement a pensé qu'une somme de 68.000 francs serait suffisante en 1890.

Ces crédits paraissent justifiées.

Chapitre 10. — *Vivres*. . . . . 95.000 fr.

Cette dépense est la conséquence du crédit demandé plus haut (Voir chap. 6) pour la compagnie des conducteurs à Diégo-Suarez.

Chapitre 13. — *Matériel des services civils*. . 25.000 fr.

Un crédit de 32.000 francs est demandé pour l'établissement de blockaus aux environs d'Obock, en vue d'assurer des mesures de police nécessitées par la situation politique.

Depuis le dépôt du projet de loi, la situation s'est améliorée et il a paru au Gouvernement, d'accord avec la Commission du budget de la Chambre, qu'une allocation de 25.000 francs serait suffisante.

Nous vous proposons de l'accorder.

Chapitre 15. — *Dépenses diverses et d'intérêt général*. . . . . 42.000 fr.

Ce crédit, de même que ceux dont il est question aux chapitres 6 et 12, en ce qui concerne Obock, a pour but d'assurer l'exécution des engagements contractés avec les chefs indigènes pour la répression de la traite.

Le Gouvernement et la Commission du budget avaient primitivement proposé le chiffre de 85.000 francs. Mais il a été reconnu que la situation s'était assez améliorée depuis quelque temps pour permettre la réduction du crédit à 42.000 francs.

C'est le chiffre voté par la Chambre, que nous vous proposons également d'allouer.

Chapitre 15 *bis*. — *Subvention à la Compagnie* Eastern Telegraph *pour l'établissement et l'exploitation d'un câble sous-marin entre Obock et Périm*. . 37.500 fr.

La loi du 19 juillet 1889, votée après le dépôt du projet de budget de l'exercice 1890, a approuvé une convention conclue par le Gouvernement avec la Compagnie *Eastern Telegraph* le 17 mai précédent, en vue de l'établissement et de l'exploitation d'un câble sous-marin entre Obock et Périm, moyennant le payement, pendant vingt ans, d'une subvention annuelle de 37.500 francs.

Le câble fonctionnant depuis le mois de juillet 1889, la subvention due pour l'année 1889 a été allouée par la loi du 17 février 1890. (Rapport de la Commission des finances du Sénat du 21 janvier 1890.)

Il y a lieu d'allouer celle de l'exercice 1890, montant à 37.500 francs.

CHAPITRE 31. — *Dépenses relatives à la réédification du palais de la Cochinchine provenant de l'Exposition universelle de 1889* . . . . 100.000 fr.

Le Gouvernement a renoncé à cette demande de crédit.

MINISTÈRE DE L'AGRICULTURE

CHAPITRE 38 *bis*. — *Reconstruction du barrage des Grands-Cheurfas* . . . . 150.000 fr.

Le barrage réservoir des Grands-Cheurfas, construit en vue d'assurer l'irrigation de la plaine de Saint-Denis-du-Sig, a été emporté en partie par une crue, le 8 février 1885.

Le projet de reconstruction dressé par les ingénieurs et approuvé par l'Administration évalue la dépense à la somme de 1.600.000 francs.

Le syndicat de Saint-Denis-du-Sig, chargé de la distribution des eaux, de la perception des taxes et de l'entretien des ouvrages, concourt aux dépenses de reconstruction dans la mesure de ce qui excédera 1.200.000 francs. Ce dernier chiffre représente donc la subvention de l'État.

Eu égard à l'insuffisance du crédit des travaux hydrauliques en Algérie, qui est annuellement de 600.000 francs, un premier crédit additionnel destiné à la reconstruction du barrage dont il s'agit, et s'élevant à 850.000 francs, a été ouvert au Ministère de l'Agriculture par une loi du 20 décembre 1887.

Il reste encore à pourvoir, sur la part incombant au Trésor, à une dépense de 350.000 francs qui a motivé la demande de crédit du Gouvernement.

Le Gouvernement avait offert spontanément, après le dépôt du projet de loi de crédit du 27 juin 1890, de réduire sa demande à 150.000 francs. La Commission du budget de la Chambre a estimé qu'il n'y avait pas d'économies à faire sur ce chapitre et que, pour un travail d'utilité publique reconnu indispensable, il convient d'allouer la totalité du crédit nécessaire.

Nous sommes en principe de cet avis. Il nous paraît impossible de ne pas allouer la totalité des crédits nécessaires à l'exécution des travaux dont il s'agit. Mais il est également inutile d'accorder au service, sur un exercice, des dotations manifestement supérieures à celles qu'il peut employer. Or, nous avons la conviction que le service de l'Agriculture ne peut pas utiliser, pendant le reste de l'année 1890, la totalité du crédit de 750.000 francs qui lui est accordé.

En effet, le crédit primitif appliqué à la reconstruction du barrage s'élevait à 850.000 francs et figurait au budget de 1887 . . . . 850.000 fr.

Il n'a été dépensé en 1887 que.	117.000
Le surplus est tombé en annulation et a été reporté à l'exercice 1888.	733.000
Pendant l'année 1888, il n'a été utilisé que.	250.000
Le surplus de. . . . . est encore tombé en annulation, sauf report à l'exercice 1889.	483.000
Pendant cette même année 1889, l'administration n'a pu dépenser qu'une somme égale à celle de l'année précédente de.	250.000
L'excédent de.	233.000 fr.

est également tombé en annulation. Un projet de loi du 12 juin 1890 propose de le reporter sur l'exercice 1890 par voie d'ouverture nouvelle de crédit.

Il en résulte que depuis le commencement des travaux la dépense moyenne s'est élevée à 210.000 francs par an et que pour 1890 le service a une disponibilité de 233.000 francs à provenir du reliquat non employé du crédit primitif.

Dans ces conditions, votre Commission trouve qu'il est absolument inutile d'ajouter à cette disponibilité une somme de 350.000 francs, qui constitue un crédit total de 583.000 francs dont l'emploi n'aurait certainement pas lieu pendant le cours de l'année 1890. Il lui paraît suffisant, pour donner toutes facilités à l'administration, de lui allouer la somme de 150.000 fraucs que le Gouvernement avait reconnue suffisante.

MINISTÈRE DES TRAVAUX PUBLICS

2e SECTION. — **Travaux extraordinaires.**

CHAPITRE 41 *bis*. — *Réparation des avaries causées par les inondations de 1886 aux routes nationales, aux ouvrages de navigation et aux digues de défense construits par les associations syndicales.* 469.500 fr.

Ce crédit est compensé par une annulation en somme égale sur l'exercice 1889 prononcée, sauf report à l'exercice 1890, par la loi du 31 mai dernier.

CHAPITRE 46. — *Amélioration et achèvement des ports maritimes* . . . . 150.000 fr.

Une somme de 150.000 francs est restée disponible à la fin de l'exercice 1889 sur un crédit de 300.000 francs, gagé par les fonds de-concours versés par la Chambre de Commerce de Rouen pour les travaux d'amélioration du port de cette ville. L'annulation en a eu lieu par la loi du 31 mai 1890.

On demande de reporter ce reliquat à 1890, en même temps que les ressources de fonds de concours correspondantes.

Cette demande est justifiée.

II. — ANNULATIONS PROPOSÉES. . . . . . 605.500 fr.

MINISTÈRE DE LA GUERRE

Chapitre 24. — *Fourrages*. . . . . 500.000 fr.

On demande d'annuler au titre du chapitre 24 du budget ordinaire de 1890, et par les raisons exposées à l'occasion du chapitre 23 (*Chauffage et éclairage*), un crédit de 500.000 francs.

Chapitre 29. — *Habillement et campement* (Matériel d'exploitation) . . . . 100.000 fr.

Le chapitre 29 peut supporter une annulation de 100.000 francs au titre du paragraphe 2, rubrique 4 : « Habillement des officiers de réserve et de l'armée territoriale n'ayant pas reçu la première mise d'équipement ou ne provenant pas de l'armée active » pour compenser l'ouverture d'un crédit supplémentaire d'égale somme au titre du chapitre 33, doté insuffisamment en ce qui concerne les premières mises d'équipement aux officiers de réserve et de l'armée territoriale.

Chapitre 30. — *Lits militaires*. . . . . 5.500 fr.

(Voir les motifs à l'appui d'une demande de crédit de même somme faite au titre du chapitre 26 (service de santé).

Budget extraordinaire.

MINISTÈRE DE LA GUERRE

CRÉDITS A OUVRIR . . . . 22.956.732 fr. 42

1° Ancienne dotation

Chapitre 2. —	*Génie*	1.943.488	29
— 4. —	*Hôpitaux*	50.000	»
— 5. —	*Remontes*	315.928	52
— 12. —	*Télégraphie militaire* .	296.335	54
— 13. —	*Harnachement des chevaux de la cavalerie*.	2.780.000	»
	Total.	5.385.752 fr.	35

2° Nouvelle dotation

Chapitre 14. — *Équipages de campagne*	38.109	fr.	14
— 15. — *Armement des places.* .	4.379		57
— 16. — *Armement des côtes.* . .	481.061		59
— 17. — *Équipages de siège.* . .	49.279		26
— 18. — *Armes portatives*	378		49
— 19. — *Munitions.*	424.058		42
— 20. — *Dépenses diverses.* . . .	116.862		68
— 21. — *Places de la frontière du Nord*	998.800		»
— 22. — *Frontière de l'Est.* . . .	6.456.713		09
— 23. — *Frontière du Sud-Est* . .	1.863.519		35
— 24. — *Ports et embouchures.* .	868.674		15
— 25. — *Magasins à poudre* . . .	252.195		19
— 26. — *Améliorations, procès et réserve.*	843.172		70
— 27. — *Bâtiments militaires* . .	4.719.776		44
— 29. — *Service de santé.*	280.000		»
— 31. — *Télégraphie militaire et aérostation.*	104.000		»
— 32. — *Cavalerie.*	70.000		»
Total.	17.570.980	fr.	07
Total général . .	22.956.732	fr.	42

On demande le report de ces crédits de l'exercice 1889 à l'exercice 1890.

L'annulation sur 1889 en a été prononcée par la loi du 31 mai dernier. (Rapport de la Commission des Finances du Sénat du 29 mai 1890.)

TITRE II

EXERCICES CLOS

Montant des crédits demandés. . . . . 596.577 fr. 37

(Art. 9 du projet de loi, page 135.)

MINISTÈRE DES FINANCES

Exercice 1886.

CHAPITRE 57. — *Frais de trésorerie.* . . . . . . 1.500 fr.

Par une ordonnance en date du 25 octobre 1889, le Président du tribunal civil de Constantine a enjoint au Trésor de verser à la Caisse des dépôts et consignations le montant des loyers dus pour l'immeuble occupé par le service du Trésor à Guelma, pour la période du 1er avril 1886 au 1er avril 1889, et restés impayés par suite de contestation. Les crédits restés disponibles à la fin des exercices 1887 et 1888 permettent de solder ceux qui concernent ces exercices par voie d'ouverture de crédit, sans avoir recours à une demande de crédit.

Mais la dépense de 1,500 francs représentant le montant de ce même loyer pour la période écoulée entre le *1er avril et le 31 décembre 1886*, ne saurait être effectuée sans un crédit législatif, les crédits de frais de trésorerie de cet exercice n'ayant laissé aucun disponible.

On demande, en conséquence, l'ouverture d'un crédit de 1,500 francs.

MINISTÈRE DES AFFAIRES ÉTRANGÈRES

Exercice 1886.

CHAPITRE 2. — *Matériel de l'Administration centrale*	396 fr.	93

Travaux de marbrerie exécutés en 1886 pour le service du Ministère. Une rectification du mémoire avait empêché le réglement de cette créance en cours d'exercice. Ce réglement n'a eu lieu qu'au mois de février 1889.

CHAPITRE 3. — *Traitements des agents diplomatiques et consulaires*.	2.027	77

Portions de traitements dont la liquidation avait été ajournée. Plus de la moitié de ce crédit (1.180 fr, 55) représente des retenues pour congés à ordonnancer au profit du receveur central de la Seine. Il serait désirable que ces liquidations fussent plus activées.

CHAPITRE 6. — *Frais de voyages et de courriers*	155	»

Sommes à ordonnancer au profit du Trésor et représentant les frais de deux voya-

A reporter.	2.579 fr.	70

Report. . . . 2.579 fr. 70

ges de services avancés, le premier par le trésorier-payeur de la Réunion, le deuxième sur les recettes de la chancellerie du consulat à Carthagène. Un créancier avait réclamé dès le 7 mai 1886. C'est par suite d'un retard de l'administration que la demande de crédit a été aussi longtemps reculée.

CHAPITRE 7. — *Frais de service*. . . . . . . 6.010 »

L'indemnité fixe de chauffage et d'éclairage allouée à l'ambassadeur de France à Constantinople n'avait pas été réglée pour l'année 1886; cette créance représente une somme de 6.000 francs

L'ambassadeur a négligé de réclamer sa créance.

En outre, un trop ordonnancé de 10 fr. a été constaté par le Trésor sur une dépense pour laquelle la loi du 23 avril 1888 avait ouvert un crédit insuffisant.

CHAPITRE 9. — *Indemnités et secours*. . . . . 510 »

Secours payé par le consul de France à Tiflis à la veuve d'un ancien agent, pendant l'année 1886. La demande de la créancière a été faite en 1886. C'est par la faute de l'administration que le remboursement n'a pas eu lieu plus tôt.

A reporter. . . . 9.099 fr. 70

Report.	9.099 fr. 70

Exercice 1887.

CHAPITRE 7. — *Frais de service*.	6.000	»

Indemnité de chauffage et d'éclairage due à l'ambassade de France à Constantinople pour l'année 1887.

Même observation qu'au chapitre 7 de l'exercice 1886.

CHAPITRE 9. — *Frais de voyages et de courriers*.	1.062	42

Frais de deux voyages de service effectués en 1887 par un secrétaire d'ambassade à Berlin et par le consul de France à Honolulu.

Retard des créanciers.

CHAPITRE 12. — *Secours*.	150	»

Secours payé à l'étranger pour 1887 sur recettes de chancellerie et dont l'ordonnancement sera fait au profit du Trésor.

CHAPITRE UNIQUE. — *Remise de 5 p. 100 sur les produits des chancelleries diplomatiques et consulaires*.	802	28

Les remises dont il s'agit s'appliquent à des recettes effectuées en 1887 par diverses

A reporter.	17.114 fr. 40

Report. 17.114 40

chancelleries (l'Assomption, Sydney, Benghasi, Colon, Hankao, Massaouah, Rosas, San Jose de Costa Rica et Wellington). Le crédit du chapitre unique avait été insuffisant en 1887, par suite d'une évaluation trop faible des produits des chancelleries au budget des recettes.

Exercice 1888.

CHAPITRE 2. — *Matériel* 17.633 43

Sommes dues à divers entrepreneurs pour travaux de maçonnerie, serrurerie, peinture, fumisterie et plomberie.

Mémoires fournis tardivement.

CHAPITRE 4. — *Traitements des élèves chanceliers et commis* 761 28

Somme due à un consul pour avance d'indemnité à un agent auxiliaire.

CHAPITRE 6. — *Frais de représentation des agents diplomatiques*. 183 33

Rappel d'une indemnité de frais de représentation au profit d'un chargé d'affaires à Port-au-Prince.

A reporter. 35.692 44

Report.	35.692 fr.	44

Chapitre 7. — *Frais de service*. 18.613 06

Dépenses de service de divers agents à Panama, Palerme, Odessa.

Chapitre 8. — *Frais d'établissement*. . . . 5.000 »

Indemnité d'installation à un consul à Djeddah.

Chapitre 10. — *Présents diplomatiques*. . . 179 62

Remboursement à un agent consulaire des frais de transport de présents diplomatiques.

Chapitre 11. — *Missions, dépenses extraordinaires et dépenses imprévues*. 1.998 46

Frais d'abornement sur la frontière franco-suisse.

Chapitre 12. — *Secours*. 5.112 40

Remboursement à divers agents diplomatiques et consulaires de secours payés pour le compte du département en 1888.

Chapitre 14. — *Frais de location et charges*

A reporter.	66.595 fr.	98

Report.	66.595 fr.	98
accessoires de l'hôtel affecté à la résidence de l'ambassade ottomane	1.348	61

Travaux exécutés par divers entrepreneurs à l'hôtel occupé par l'ambassade ottomane.

CHAPITRE 15. — *Allocations à la famille d'Abd-el-Kader*	1.111	50

Frais de passage à bord d'un paquebot de la Compagnie des Messageries maritimes de deux membres de la famille d'Abd-el-Kader.

CHAPITRE 2 (2e section). — *Dépenses des résidences à Madagascar*	2.945	53

Remboursement au Ministère de la Guerre du prix d'objets de matériel et de médicaments cédés pour le service des résidences à Madagascar.

CHAPITRE UNIQUE. — *Remise de 5 0/0 sur les produits des chancelleries diplomatiques et consulaires*	2.346	71

Bonification sur les recettes effectuées par divers agents percepteurs en 1888. (Messine, Panama, Manchester, Kobé, Porto, Sassari et Valence.)

Total des crédits demandés pour dépenses des exercices clos.	74.348 fr.	33

MINISTÈRE DE L'INTÉRIEUR

Exercice 1886.

CHAPITRE 8. — *Frais des élections sénatoriales*. . 12 fr. 50

Indemnité de déplacement à un délégué sénatorial, lors des élections des 4 avril et 16 mai 1886 (6 fr. 25 + 6 fr. 25). Mandat non présenté en temps opportun.

CHAPITRE 21. — *Transport des détenus et des libérés*. . . . . 572 fr.

Transport des détenus en 1886. Production tardive des pièces justificatives.

CHAPITRE 48. — *Remboursement des frais occasionnés par des individus sans domicile de secours*. . . 402 fr. 30

Frais de séjour en 1886, à l'asile public d'aliénés de Marseille, d'un aliéné sans domicile de secours. La fixation de ces frais a donné lieu à des difficultés.

Exercice 1887.

CHAPITRE 19. — *Entretien des détenus*. . . . 42.872 fr. 99

Montant de l'inventaire de sortie dû en 1887 à l'ancien entrepreneur des services de la maison d'éducation correctionnelle d'Aniane.

Aucune justification ne nous a été produite : le crédit est ajourné.

CHAPITRE 21. — *Transport des détenus et des libérés.* 53 fr.

Transport des détenus en 1887. Production tardive des pièces.

CHAPITRE 48. — *Remboursement des frais occasionnés par des individus sans domicile de secours.* . . . 5 fr. 40

Frais de séjour en 1887, à l'asile public d'aliénés de Marseille, d'une aliénée sans domicile de secours.

CHAPITRE 42. — (*Du Ministère du Commerce.*) — *Construction au lazaret de Mindin* . . . . 334 fr. 46

Remboursement des retenues de garantie sur le montant de travaux exécutés en 1887 au lazaret de Mindin. . . . . 315 fr. 53

Honoraires de l'architecte chargé de la surveillance des travaux exécutés en 1887 au lazaret de Mindin 18 93

Retard dans le réglement de l'entreprise.

Exercice 1888.

CHAPITRE 24. — *Travaux ordinaires aux bâtiments* (*service en régie*). . . . . 10.830 fr. 75

Installation de chambres individuelles à la colonie du Val-d'Yèvre en 1888. . . . . 2.758 fr. 38

Honoraires de l'architecte chargé de la direction des travaux de bâtiment exécutés en 1888 à la colonie du Val-d'Yèvre . . . . . 1.500 »

Travaux exécutés en 1888 à la maison centrale de Doullens. . . . . 6.572 fr. 37

Aucune pièce justificative ne nous a été produite. Le crédit est ajourné.

CHAPITRE 25. — *Exploitations agricoles*. . . . 2.322 fr. 25

Indemnité de résiliation du bail passé en 1888 pour location éventuelle de terrain pour la maison centrale de Doullens. . . . . 35 fr. 15

Fermages dus par l'État pour location de terrain en 1888, impôt et indemnité de résiliation de bail 1.914 30

Fermages dus par l'État pour location de terrain en 1888, impôt et indemnité de résiliation de bail 143 25

Honoraires du notaire chargé en 1888 de passer actes de résiliation de baux, de terrains loués en 1888 . . . . 100 »

Fermage, impôts compris, du 1er janvier au 1er octobre 1888, de terrains situés au chemin de Gézanicourt 129 55

Total égal. . . . . 2.322 fr. 25

Justifications insuffisantes. Crédits ajournés.

CHAPITRE 28. — *Acquisitions et constructions pour le service pénitentiaire* . . . . 2.561 fr. 59

Constructions diverses exécutées en 1888 à la colonie du Val-d'Yèvre.

Justifications insuffisantes. Crédits ajournés.

MINISTÈRE DE LA GUERRE

Exercice 1887.

CHAPITRE 21. — *Habillement et campement*. . 7.958 fr. 12

Exercice 1888.

CHAPITRE 28. — *Habillement et campement*. . 5.708 fr. 15

Voir les détails donnés dans l'exposé des motifs du projet de loi du 27 janvier 1890, pages 132 et 133.

CHAPITRE 30. — *Transports spéciaux* . . . . . 1.713 fr. 56

Remboursement d'avances faites par le 1er régiment de zouaves pour le payement de coolies.

Chapitre 33. — *Justice militaire* (frais généraux) *et prisons* . . . . 15.252 fr. 37

Beauvais, abbé à Rennes (Ille-et-Vilaine).

Complément d'une indemnité allouée à la suite d'un accident dont il a été victime pendant les manœuvres de 1888.

Justifications non produites. Crédit ajourné.

MINISTÈRE DE LA MARINE

Exercice 1888.

Chapitre 29. — *Matériel de médecine, de science, d'art et de religion* . . . . 583 fr.

Remboursement au trésorier-payeur de Mayotte de frais de traitement à l'hôpital d'un matelot de l'Etat pendant le 4e trimestre 1888.

Chapitre 32 — *Fournitures et mobilier d'administration* . . . . 14.154 fr. 09

Remboursement à l'Imprimerie nationale de travaux d'impression et de reliure effectués, en 1888, pour le service hydrographique.

Ce crédit comporte une observation. Nous avons eu souvent l'occasion de remarquer que les services publics n'apportent aucune diligence dans le payement des travaux effectués sur leur demande par l'Imprimerie nationale. Au cas particulier, les mémoires de l'Imprimerie sont aux dates des 21 novembre, 1er et 5 décembre 1888 et 20 avril 1889. L'Administration de la Marine devait prendre les mesures nécessaires pour ne pas en retarder aussi longtemps le règlement.

MINISTÈRE DE L'INSTRUCTION PUBLIQUE ET DES BEAUX-ARTS

1re SECTION. — **Service de l'Instruction publique.**

Exercice 1887.

CHAPITRE 40. — *Voyages et Missions scientifiques. — Musée Guimet et Musée ethnographique* . . . . . 281 fr. 65

En 1887, M. Bouchat, entrepreneur de travaux de marbrerie, demeurant à Paris, rue des Réservoirs, n° 5, a été chargé par l'Administration du Musée d'ethnographie de restaurer des groupes et statues provenant du Cambodge et de l'Indo-Chine. En demandant le crédit, l'Administration annonce que, bien que cette dépense eût été prévue par le service du Musée ethnographique, il ne lui a pas été possible d'en acquitter le montant, par suite du retard apporté par l'entrepreneur dans la transmission de son mémoire.

La dépense est justifiée. Il y a lieu seulement de faire remarquer que, si l'Administration avait prévu la dépense, elle a eu tort de ne pas la comprendre dans les prévisions du budget primitif, au lieu d'attendre la demande d'un crédit additionnel.

Exercice 1888.

CHAPITRE 40. — *Voyages et Missions scientifiques.— Musée Guimet et Musée ethnograghique.* . . . . 2.605 fr. 43

1° Montant d'un compte d'avances faites par le Consulat de Bagdad pour le compte du Ministère de l'Instruction publique. (Service des Missions scientifiques.). 2.542 fr. 06

Cette somme représente le montant de l'indemnité allouée, du 29 février au 29 mars 1888, au sieur Bedry-Bey, délégué du Musée de Constantinople, chargé d'assister M. de Sarzec, consul de France, dans les fouilles archéologiques qu'il a entreprises à Cello (Turquie d'Asie). Cette dépense n'avait pas été prévue à l'origine de la mission ; c'est seulement au cours des fouilles que la présence du délégué ottoman a été imposée par le Gouvernement turc.

3° Le montant d'un avertissement du trésorier de la ville de Paris, pour excédent de consommation d'eau pendant le 4e trimestre de 1888, par le Musée Guimet 52 85

Lorsque ces deux comptes sont parvenus au 1er bureau de la Direction du secrétariat et de la comptabilité (juin 1889 et janvier 1890), l'état des crédits du chapitre 40 du budget de l'exercice 1888 ne permettait plus d'en proposer le payement.

4° La Compagnie des Messageries maritimes. 10 52

Montant d'un état de frais de transport concernant le service des missions scientifiques.

Même observation.

Total. . . . . 2.605 fr. 43

2e SECTION. — **Beaux-Arts.**

Exercice 1888.

CHAPITRE 5. — *Matériel de l'Administration centrale.* . . . . 1.343 fr. 94

Ce crédit ajourné une première fois pour défaut de justification (Rapport de la Commission des Finances du Sénat du 21 janvier 1890) a pour but de payer à l'Imprimerie nationale la quote-part des frais d'impression du budget de 1889.

La Commission du budget de la Chambre a fait remarquer que des dépenses de cette nature devaient être prévues et entrer dans les crédits primitifs (Rapport du 16 décembre 1889). Rien n'est plus exact. Mais il faut ajouter que les crédits proposés au budget par le Gouvernement sur le chapitre 5 ont subi depuis 1883 des réductions considérables. Ils ont été ramenés de 65.000 fr, à 55.100 fr. bien que le service des bâtiments civils ait été réuni au service des Beaux-Arts. C'est à l'insuffisance de cette dotation pour 1888 qu'est dû le retard du payement de la créance. Ce retard ne s'est pas renouvelé pour les années suivantes.

MINISTÈRE DU COMMERCE, DE L'INDUSTRIE ET DES COLONIES

3e SECTION. — **Service colonial.**

Notre attention a été appelée fréquemment sur le nombre souvent élevé des crédits d'exercices clos demandés par le service colonial, Mais nous avons dû reconnaître que l'Administration a peu de moyens de réduire ces demandes.

En effet, quoique le Ministre de la Marine et des Colonies ait adhéré, au nom de son Département, à la réduction de l'exercice financier (lettre du 8 juin 1886), il est certain que l'observation des délais doit avoir pour conséquence un accroissement dans les dépenses d'exercices clos.

Les dotations du budget du service colonial, d'après le régime financier décrit par le décret du 26 septembre 1855 et maintenu par celui du 20 novembre 1882, sont employées de deux façons : par les ordonnateurs secondaires, au moyen de crédits qui leur sont délégués en vertu d'ordonnances ministérielles qui entrent dans les écritures du Ministère des Finances, et par l'Administration des colonies, à l'aide des crédits qu'elle se réserve, crédits qui peuvent être délégués également en partie aux ordonnateurs secondaires dans les ports. Or, au début de la deuxième année de l'exercice, on constate fréquemment que des crédits viennent à manquer sur certains chapitres, tandis que des disponibilités peuvent se trouver sans emploi entre les mains des ordonnateurs. Les crédits susceptibles d'être rendus par les ordonnateurs secondaires dans les ports peuvent faire retour à l'Administration des colonies sans difficulté, mais il n'en est pas de même pour ceux qui sont disséminés dans les colonies. Ce n'est, en effet, que le 31 mars que les opérations sont closes ; or, la plupart des colonies effectuent des opérations dans des postes souvent éloignés des chefs-lieux et avec lesquels les communications sont parfois difficiles : Telles sont le Sénégal, la Nouvelle-Calédonie, la Guyane, Taïti. Il en résulte que c'est encore bien après le 31 mars que les colonies peuvent arrêter définitivement le montant des payements. Dans ces conditions l'Administration des colonies se trouve dans l'impossibilité de récupérer les crédits demeurés libres, assez à temps pour qu'il puisse en être fait emploi dans les délais de l'exercice. On est donc exposé à régler en exercices clos des créances quelquefois importantes qu'on aurait pu acquitter sur les ressources de l'exercice courant avec un délai plus long.

En outre, l'abréviation des délais de l'exercice a eu pour conséquence d'obliger les départements ministériels à devancer l'époque de présentation aux Chambres du dernier projet de loi concernant les crédits supplémentaires nécessaires aux besoins de l'exercice qui va se clore.

Or, à la date où le Ministre des Finances demande à être fixé sur le montant des prévisions à inscrire dans ce projet, l'Administration des Colonies n'a pas toujours de renseignements suffisants sur les faits des ordonnateurs secondaires dans les Colonies, et il ne lui est, dès lors, pas possible de déterminer, pour chaque chapitre du budget, le montant des crédits susceptibles d'être compris dans les demandes collectives.

Néanmoins, l'Administration des Colonies, par une circulaire du 20 février 1889, a indiqué aux gouverneurs l'ordre des travaux à suivre afin que les Administrations locales n'apportent aucune entrave à l'exécution de la loi financière, mais il est à craindre que, malgré toute la diligence que mettront les Administrations locales pour satisfaire à leurs obligations, le service central des Colonies ne soit arrêté par des circonstances qui sont spéciales au service colonial.

Exercice 1888.

CHAPITRE. 3, — *Personnel des services civils.* . . 475 fr. »

Régularisation de payements effectués par le préposé du trésorier-payeur du Gabon à Loango, pour supplément et frais de représentation dus à divers fonctionnaires du service colonial.

Régularisation d'avances faites au service colonial et dont le compte de l'agent comptable des traites de la marine se trouve à découvert.

Moins payé à un garde d'artillerie sur le montant de sa première mise d'équipement.

Chapitre 6. — *Personnel des services militaires.* . . . . 4.554 fr. 39

Remboursement au budget du Protectorat de l'Annam et du Tonkin de diverses avances de solde faite à des fonctionnaires appartenant au service colonial.

Transports de marchandises effectués par la Société anonyme rochefortaise des remorquages et transports.

Remboursement au détachement de gendarmerie du Sénégal de main-d'œuvre, imputée à tort sur la masse individuelle des hommes de ce détachement.

Chapitre 7. — *Agents des vivres et du matériel.* 546 fr. 66

Régularisation de payements effectués par le préposé du trésorier-payeur du Gabon à Loango, pour solde acquise par divers agents du service colonial.

Chapitre 8. — *Frais de voyage par terre et par mer.* . . . . 20.574 fr. 50

Régularisation de payements effectués par le préposé du trésorier-payeur du Gabon à Loango, pour frais de passage et de transports.

Régularisation d'avances faites par divers consuls et dont le compte de l'agent comptable des traites de la marine se trouve à découvert.

Remboursement au budget du protectorat de l'Annam et du Tonkin et au budget local de Diégo-Suarez de diverses dépenses mises à tort à la charge de ces budgets.

Indemnités de route. Frais de transport de divers fonctionnaires et agents.

Remboursement à l'agent comptable des chancelleries diplomatiques et consulaires des avances faites par divers consuls à des fonctionnaires du service colonial.

CHAPITRE 9. — *Missions coloniales* . . . . 5.326 fr. 80

Remboursement au budget du protectorat de l'Annam et du Tonkin des frais de la mission Dejoux. Régularisation des avances faites par le consulat de Singapore à la mission Sérullas et dont le compte de l'agent comptable des traites de la marine se trouve à découvert. Remboursement au service local du Sénégal du montant des salaires payés aux porteurs de la mission Collin dans le Bambouck. Frais de passage d'un ecclésiastique de Marseille à Obock.

CHAPITRE 10. — *Vivres*. . . . . 715 fr. 62

Régularisation des payements effectués par le préposé du trésorier-payeur du Gabon à Loango, pour salaires, indemnités et fournitures diverses.

CHAPITRE 11. — *Hôpitaux*. — *Personnel* . . . 1.000 fr. »

Même motif que ci-dessus en ce qui concerne la solde acquise par divers médecins et agents du service des hôpitaux.

CHAPITRE 11 *bis*. — *Hôpitaux*. — *Matériel*. 66.485 fr. 01

Régularisation des avances faites par divers consuls

pour l'acquittement de dépenses incombant au service colonial et dont le compte de l'agent comptable des traites de la marine se trouve à découvert.

Remboursement au service local du Sénégal de droits d'octroi.

Remboursement au budget du protectorat de l'Annam et du Tonkin de frais de transport à bord du *Cachar* et du *Colombo* de personnel ressortissant au service colonial.

Régularisation d'un déficit laissé par le garde-magasin Pardigon dans la caisse de l'hôpital militaire de la Basse-Terre. Indemnités et fournitures diverses.

Remboursement à l'agent comptable des chancelleries diplomatiques et consulaires d'avances faites par divers consuls. Frais de transports. Droits curiaux acquis à l'occasion de divers enterrements.

Réparations et fournitures diverses faites dans les colonies.

Remboursement au service local de Diégo-Suarez de frais d'hôpitaux.

Chapitre 12. — *Matériel des services civils.* 22.235 fr. 97

Remboursement à l'agent comptable des chancelleries diplomatiques et consulaires d'avances faites par le consul de France à Londres pour le payement d'une machine à fabriquer la glace et de pièces de rechange d'appareils distillatoires destinés à la colonie d'Obock. — Transport de matériel de Marseille à Obock. — Remboursement au service local de la Nouvelle-Calédonie du montant des dépenses en matières et main-d'œuvre relatives à divers travaux de réparations exécutés pour le compte du service colonial. — Réparation d'outils et confection de divers objets de quincaillerie à Diégo-Suarez. — Remboursement à la Direction générale des postes et télégraphes et au Département de la marine de la valeur de cessions de matériel faites à l'Administration des colonies.

CHAPITRE 13. — *Matériel des services militaires* . . . . 12.781 fr. 80

Remboursement au Département de la Marine, de la valeur de cessions de chalands, canots et baleinières faites par la *Dordogne* au service colonial en vue de l'organisation du port d'Antoirane.

CHAPITRE 14. — *Dépenses diverses*. . . . . . 23.379 fr. 08

Régularisation des avances faites par l'autorité consulaire de Wellington pour frais de télégrammes et de rapatriement, et dont le compte de l'agent comptable des traites de la marine est à découvert. — Insertion d'avis d'adjudication dans le *Moniteur des colonies*. — Remboursement au budget local de Diégo-Suarez de diverses dépenses mises à tort à sa charge. — Remboursement au budget local de Tahiti de droits d'octroi de mer.

Régularisation des payements effectués par le préposé du trésorier-payeur du Gabon à Loango pour fournitures diverses.

Remboursement à la Direction générale des postes et des télégraphes de taxes de télégrammes officiels expédiés en 1888.

Loyer d'une maison occupée par l'instituteur de Moheli.

Frais de passage d'émigrants.

CHAPITRE 15. — *Subvention au service local des colonies*. . . . . 41.021 fr. 47

Indemnité de logement acquise par un agent du Congo.

— Régularisation d'avances faites par le consul général de France à Lisbonne et par divers bâtiments pour frais de passage et de nourriture d'agents du Congo et dont le compte de l'agent comptable des traites est à découvert. — Régularisation de payements effectués par le préposé au trésorier-payeur du Gabon à Loango pour dépenses diverses incombant au service colonial.

Les motifs pour lesquels les créances ci-dessus se trouvent comprises dans les exercices clos sont de deux sortes :

1° Production tardive des pièces justificatives desdites créances, soit par les fournisseurs, soit par les administrations locales des colonies chargées de la liquidation des dépenses ;

2° Insuffisance des crédits budgétaires.

MINISTÈRE DE L'AGRICULTURE

Exercice 1887.

CHAPITRE 2. — *Matériel et dépenses diverses de l'Administration centrale* . . . . 96 fr.

Payement de seize abonnements au *Journal de vulgarisation de l'horticulture* à 6 francs l'un.

Exercice 1888.

CHAPITRE 2. — *Matériel et dépenses diverses de l'Administration centrale* . . . . 357 fr. 90

Seize abonnements au même journal . . . . 96 fr. »
Huit abonnements à différents journaux. . . 261 90

CHAPITRE 3. — *Impressions, souscriptions, abonnements.* . . . . 1.200 fr.

Justification insuffisante. Crédit ajourné.

. . . .

MINISTÈRE DES TRAVAUX PUBLICS

Voir les détails donnés dans l'exposé des motifs du projet de loi du 27 janvier 1890, pages 142 et 143.

. . .

Exercice 1886.

CHAPITRE 8. — *Études et travaux de chemins de fer exécutés par l'État* . . . . 173.447 fr. 88

CHAPITRE 10. — *Travaux de réfection et de parachèvement des lignes exploitées par l'Administration des chemins de fer de l'État* 337 93

A reporter. . . . . 173.785 fr. 81

Exercice 1887.

CHAPITRE 8. — *Études et travaux de chemins de fer exécutés par l'État.* . . .	43.652	18
CHAPITRE 10. — *Travaux complémentaires du réseau de l'État.*	49.355	94

Exercice 1888.

Budget ordinaire.

2e SECTION

CHAPITRE 57. — *Etudes et travaux de chemins de fer exécutés par l'État.* . . .	18.657	31
Total général.	285.451 fr.	24

TITRE III

Exercices périmés.

MONTANT DES CRÉDITS DEMANDÉS . . . . 34.746 fr. 77

(Art. 10 du projet de loi, page 136.)

MINISTÈRE DES FINANCES

Exercice 1882.

CHAPITRE 70. — *Dépenses diverses*. . . . . 150 fr.

Receveur principal à Paris.

Indemnités pour travaux extraordinaires à M. Planchon, deuxième chimiste au laboratoire central (11 janvier 1883).

Il est regrettable que des réclamations aussi tardives soient produites par les comptables; mais il s'agit d'avances faites sur les ordres de l'Administration et que celle-ci avait le devoir de faire régulariser en temps utile. Le retard lui est donc imputable. Mais nous insistons pour que des mesures soient prises afin de prévenir le retour de ces abus.

Exercice 1883.

CHAPITRE 79. — *Dépenses diverses* . . . . 32 fr.

Marcheteau, receveur principal à Nîmes.

Contributions des portes et fenêtres (6 décembre 1883).

Même observation qu'au chapitre 70.

CHAPITRE 79. — *Dépenses diverses* . . . . 50 fr.

Receveur principal à Paris.

Indemnités de déplacement à M. Emile (Jean), surnuméraire à Paris (19 avril 1883).

Même observation que ci-dessus.

Chapitre 79. — *Dépenses diverses* . . . . 63 fr. 80

Barnetche, receveur entreposeur intérimaire des tabacs et des poudres à Ajaccio.

Frais divers de déplacement.

Bouches-du-Rhône. — Somme réclamée tardivement par le créancier.

Même observation que ci-dessus.

Exercice 1884.

Chapitre 86. — *Dépenses diverses* . . . . 168 fr. 76

Receveur principal à Nîmes . . . . 163 fr. 20

Contribution des portes et fenêtres (19 avril 1883).

Péthelaz, propriétaire à Serrières. 5 56

Contribution foncière (fleuve du Rhône, île de Serrières).

Savoie. — Affaire soumise au directeur des contributions directes de la Savoie, lequel n'a pu rendre sa décision qu'en 1887.

Même observation que ci-dessus.

Exercice 1885.

Chapitre 84. — *Matériel* . . . . 12 fr. 40

Menus frais de transport de l'Administration pendant le quatrième trimestre 1885.

Chapitre 87. — *Achat et transport de tabac*. . . 44 fr. 95

Frais de transport de tabac.

Le retard sur ces deux chapitres provient d'une erreur

de comptabilité commise par l'Administration. Les dossiers ayant été égarés, la rectification n'a pu avoir lieu que tardivement.

MINISTÈRE DES AFFAIRES ÉTRANGÈRES

Exercice 1868.

CHAPITRE 3. — *Traitement des agents consulaires* . . . . 2.288 fr. 88

La créance qui fait l'objet de cette demande n'a pu être réglée jusqu'à présent, la liquidation de la succession de l'ayant-droit n'ayant pu, pour divers motifs, être terminée.

Il ne s'agit donc que du report à l'exercice courant d'un crédit déjà voté et tombé en annulation.

Exercice 1879.

CHAPITRE 3. — *Traitements des agents consulaires* . . . . 700 fr. »

Même observation que ci-dessus.

Exercice 1880.

CHAPITRE 3. — *Traitements des agents consulaires* . . . . 2.636 fr. 10

Ce crédit est destiné à solder deux créances dont l'une est de même nature que celles dont il vient d'être parlé.

L'autre a pour objet la régularisation des émoluments reçus par un agent de l'interprétariat en Chine; les droits du titulaire n'ont pu être établis que récemment, sur les renseignements fournis par lui au département pendant un congé.

Exercice 1881.

CHAPITRE 7. — *Frais de service* . . . . 504 fr. 39

Report à l'exercice courant d'un crédit déjà ouvert sur un exercice précédent et tombé en annulation par suite de retards apportés dans la liquidation de la succession de l'ayant-droit.

Exercice 1883.

CHAPITRE 7. — *Frais de service*. . . . . 38 fr. 81

Même motif que ci-dessus.

Exercice 1884.

CHAPITRE 8. — *Frais de voyage*. . . . . 491 fr. 81

CHAPITRE 13. — *Dépenses matérielles des résidences*. . . . . 169 fr. 63

Même motif que ci-dessus.

Exercice 1885.

CHAPITRE 3. — *Traitements des agents consulaires*. . . . . 500 fr. »

Indemnité accordée par un arrêté du 12 février 1886 à un chancelier de la Légation à Washington pour dépenses exceptionnelles en 1885.

Chapitre 6. — *Frais de voyage* . . . . 989 fr. 70

Frais supplémentaires d'un voyage de service en 1885. . . . . 900 fr. »

Remboursement au trésorier-payeur de la Réunion des frais de passage d'un consul. 89 70

Total égal. 989 70

Chapitre 10. — *Dépenses matérielles des résidences* . . . . 73 fr. 12

Frais d'un télégramme adressé au département par un agent consulaire en 1885.

Chapitre unique. — *Remises de 5 p. 100 sur les produits des chancelleries diplomatiques et consulaires* . . . . 329 fr. 22

Bonifications sur les recettes encaissées par quatre agents percepteurs à Montevideo, Concordia et Batoum ; ces recettes ont été constatées tardivement. Le crédit demandé n'excède pas du reste le reliquat du chapitre annulé par la loi de règlement de l'exercice 1885.

Total général pour le Ministère des Affaires étrangères . . . . 8.721 fr. 66

MINISTÈRE DE L'INTÉRIEUR

Exercice 1882.

Chapitre 32. — *Secours personnels à divers titres, frais de rapatriement, etc.* . . . . 13 fr. 36

Remboursement à la Chancellerie du vice-consulat de France à Valence des frais de rapatriement en 1882 de Français indigents.

Le dossier a été égaré par l'Administration.

Exercice 1883.

Chapitre 32. — *Secours personnels à divers titres, frais de rapatriement, etc* . . . . 19 fr. 53

Remboursement à la Chancellerie du vice-consulat de France à Mons, des frais de rapatriement en 1883 de Français indigents.

Remboursement à la Chancellerie du consulat général de France à Londres des frais de rapatriement en 1883 de Français indigents.

Dossiers égarés.

Chapitre 10. (Du Ministère du Commerce.) — *Etablissement et service sanitaire* . . . . 16 fr. 06

Remboursement à la Chancellerie du consulat général de France à New-York, d'avances faites pour impressions de papiers en 1883.

Dossier égaré.

Exercice 1884.

Chapitre 24. — *Transport des détenus et des libérés.* 12 fr.

Transport d'un détenu en 1884.

Retard provenant d'une erreur du comptable.

Chapitre 23. (Du Ministère du Commerce.) — *Matériel et dépenses diverses du service sanitaire.* . . . . 7 fr. 64

Remboursement à la Chancellerie du consulat général de France à Naples, d'avances faites pour impression de patentes en 1884.

Réclamation produite en temps utile. Retard imputable à l'Administration.

Exercice 1885.

Chapitre 8. — *Frais des élections sénatoriales.* . 27 fr. 50

Indemnités de déplacement d'un délégué sénatorial lors des élections du 25 janvier 1885.

Mandat tardivement remis au créancier.

Chapitre 21.—*Transport des détenus et des libérés.* 3 fr. 50

Transport d'un condamné en 1885.

Retard de l'Administration.

Chapitre 48. — *Remboursements des frais occasionnés par des individus sans domicile de secours.* . . 428 fr. 14

Remboursement de l'avance faite en 1885 par M. Legrand, Ministre de la République française à la Haye, pour frais de traitement à l'hospice d'Ettelbrück de l'aliéné Boisseaux.

Retard de l'administration.

MINISTÈRE DE LA GUERRE

Exercice 1884.

Chapitre 17. — *Habillement et campement*. . . . 29 fr. 79

Restitution de sommes indûment retenues pour valeur de boutons d'uniforme cédés en 1884.

Exercice 1885.

Chapitre 12. — *Vivres*. . . . . 1.656 fr. 14

Remboursement de droits d'octroi indûment imputés sur des fournitures faites en dehors du périmètre de la commune.

Chapitre 16. — *Service de marche*. . . . . 47 fr. 96

Remboursement du prix d'une traversée non effectuée de Marseille à Gabès.

Chapitre 17. — *Habillement et campement*. . 6.592 fr. 08

Restitution de sommes indûment retenues pour valeur de boutons d'uniforme.

Chapitre 30. — *Génie (Etablissements et matériel)*. 89 fr. 38

Loyer d'un terrain servant de champ de manœuvres.

MINISTÈRE DE LA MARINE

Exercice 1862.

CHAPITRE 3. — *Solde et accessoires de solde*. . . . 21 fr. 94

Rappel de solde à un matelot de 2e classe.

Justifications insuffisantes. Crédit ajourné.

Exercice 1863.

CHAPITRE 4. — *États-Majors et Équipages à terre et à la mer*. . . . . 62 fr. 67

Parfait payement de solde à un matelot de 2e classe.

Justifications insuffisantes. Crédit ajourné.

Budget extraordinaire.

CHAPITRE 6. — *États-Majors et équipages*. . . . . . 8 fr. 25

Rappel de solde à un matelot de 2e classe.

Justifications insuffisantes. Crédit ajourné.

Exercice 1870.

CHAPITRE 4. — *États-majors et équipages*. . . . . 9 fr. 70

Parfait payement de solde à un matelot de 2e classe.

Justifications insuffisantes. Crédit ajourné.

Exercice 1871.

CHAPITRE 4. — *Etats-Majors et équipages* . . . . 35 fr. 10

Parfait payement de solde à un matelot de 2e classe.

Justifications insuffisantes. Crédit ajourné.

Exercice 1879.

Chapitre 14. — *Frais de passage et de rapatriement*. . . . . 49 fr.

Remboursement au trésorier des Invalides de la marine, à Quimper, d'une avance faite à un marin du navire *Marie-Thérèse*.

Retard provenant d'une erreur de comptabilité de l'Administration.

Exercice 1882.

Chapitre 14. — *Approvisionnements généraux des constructions navales*. . . . . 6 fr. 89

Payement de diverses fournitures faites à la marine par M. Derbès.

Chapitre 18. — *Approvisionnements généraux de l'artillerie*. . . . . 284 fr. 85

Payement de diverses fournitures faites à la marine par M. Derbès.

Chapitre 19. — *Travaux hydrauliques et bâtiments civils*. . . . . 45 fr.

Payement de diverses fournitures faites à la marine par M. Derbès.

Retards provenant d'une opposition sur ces créances.

Exercice 1883.

Chapitre 4. — *États-majors et équipages à terre et à la mer*. . . . . 10 fr.

Rappel de différence de solde à un matelot de 3e classe.

Justifications incomplètes. Crédit ajourné.

Chapitre 22. — *Frais de voyage par terre et par mer*. . . . . 131 fr. 03

Nous avons, dans un précédent rapport du 25 janvier 1890, ajourné faute de justification l'examen du crédit sur exercice périmé de 131 fr. 03, demandé par le Ministère de la Marine.

Ces justifications nous sont parvenues.

Il s'agit de rembourser à la caisse des Invalides de la Marine une avance qu'elle a faite pour le Trésor pour des frais de rapatriement à recouvrer sur les intéressés. Le service reconnaît qu'une erreur de forme s'est produite au début de l'opération. Mais il est établi que la créance existe et que la déchéance n'est pas encourue. Il y a donc lieu d'allouer le crédit, sauf l'examen du recours de l'État contre les véritables débiteurs.

Exercice 1884.

Chapitre 4. — *États-majors et équipages à terre et à la mer*. . . . . 90 fr. 60

Parfait payement de solde à un matelot de 2e classe.

Justifications insuffisantes. Crédit ajourné.

Exercice 1885.

Budget ordinaire.

Chapitre 19. — *Constructions navales. — Appointements généraux et achats de bâtiments construits par l'industrie privée*. . . . . 10 fr.

Remboursement au trésorier-payeur de la Nouvelle-Calédonie d'une somme payée au sieur Maurin, négociant, pour transport d'effets de literie et d'effets d'habillement.

Chapitre 15. — *Service du Tonkin* . . . . 150 fr.

Payement à M. Le Prieur, lieutenant de vaisseau, d'une indemnité de harnachement.

Retard provenant de l'Administration.

MINISTÈRE DE L'INSTRUCTION PUBLIQUE ET DES BEAUX-ARTS

1re SECTION. — **Service de l'Instruction publique.**

Exercice 1885.

Chapitre 42. — *Voyages et missions.* — *Musée ethnographique* . . . . 2.650 fr.

Montant d'un état appréciatif de la valeur de deux instruments de précision prêtés par le Ministère de la Marine.

Par arrêté en date du 28 décembre 1884, sur l'avis de la Commission des voyages et missions scientifiques, MM. Marie et Henry David de Mayrena ont été chargés d'une mission scientifique gratuite à Sumatra, à l'effet d'y recueillir des collections scientifiques destinées à l'État. Afin de faciliter à MM. David de Mayrena l'accomplissement de la mission qui venait de leur être confiée, le service des missions scientifiques a demandé, à titre de prêt, au Ministère de la Marine, un théodolite à boussole et un chronomètre à suspension.

En novembre dernier, le Département de la Marine, qui venait de supprimer, d'une manière générale, les prêts d'instruments de précision, a réclamé la réintégration du théodolite et du chronomètre confiés à MM. de Mayrena. Malheureureusement, la fuite à l'étranger de l'un de ces voyageurs et la non-solvabilité du second ont mis le Département de l'Instruction publique dans l'impossibilité de donner satisfaction à la demande du Ministère de la Marine.

On a donc l'honneur de solliciter l'ouverture d'un crédit supplémentaire de 2.650 francs, somme égale à l'état appréciatif de la valeur des instruments dont il s'agit.

2e SECTION. — **Service des Beaux-Arts.**

Exercice 1884.

CHAPITRE 36 — *Entretien des bâtiments civils.* . . 15 fr.

(Crédit ajourné dans le rapport de la Commission des Finances du Sénat du 21 janvier 1890, pour défaut de justifications.)

Il s'agit d'une avance réclamée par la Ville de Paris pour le curage de branchement d'égout exécuté en 1884 au palais de l'Institut.

Une loi en date du 3 mars 1887 avait ouvert un crédit de 15 francs pour solder cette dépense qui a été ordonnancée sur le chapitre des exercices clos de l'exercice 1887, mais il résulte d'une lettre du Receveur municipal, en date du 13 août 1889, que le mandat retiré le 7 avril 1887, et adressé ensuite à la Direction des finances du département de la Seine, s'est trouvé égaré et n'a pu, par conséquent, être encaissé.

La dépense dont il s'agit ne peut plus maintenant être liquidée qu'au moyen d'un crédit au titre des exercices périmés.

MINISTÈRE DU COMMERCE, DE L'INDUSTRIE ET DES COLONIES

1re SECTION. — **Commerce et Industrie.**

Exercice 1885.

CHAPITRE 19. — *Matériel des poids et mesures* . . 56 fr. 25

Montant des frais de loyer du bureau de Senlis pour le 1er trimestre 1885. Cette somme, qui se trouvait comprise dans l'état des restes à payer de l'exercice 1885, a été réclamée par les héritiers du propriétaire dudit bureau dans le courant de décembre 1889.

CHAPITRE 20. — *Vérification des alcoomètres*. . . 37 fr. 44

Taxe de balayage afférente au bureau des alcoomètres. D'après les clauses du bail intervenu, la dépense est à la charge de l'Etat.

3e SECTION. — **Colonies.**

Exercice 1885.

CHAPITRE 7. — *Frais de voyage par terre et par mer* 45 fr. 53

Remboursement d'un moins-payé sur un reliquat de frais de voyage dus en 1885 à un trésorier-payeur.

(Erreur signalée par une injonction de la Cour des comptes.)

Conséquence d'une injonction de la Cour des comptes. (Arrêts des 16 février et 2 mars 1888.)

CHAPITRE 18. — *Service pénitentiaire.— Matériel* . . . . 1.276 fr. 79

Remboursement au service local de la Nouvelle-Calédonie du montant des taxes de l'impôt foncier dues pour les immeubles de l'Administration pénitentiaire en 1885.

CHAPITRE 28. — *Liquidation des dépenses du Haut-Sénégal*. . . . . 20 fr.

Restitution d'un trop-payé à l'occasion d'un remboursement de cessions faites par les chantiers d'approvisionnement du Haut-Fleuve.

Conséquence d'une injonction de la Cour des comptes.

MINISTÈRE DE L'AGRICULTURE

Exercice 1885.

CHAPITRE 38. — *Conservation et restauration des terrains en montagne*. . . . . 7.211 fr. 50

Le crédit de 7.211 fr. 50 est destiné au payement d'une parcelle de terrain achetée au sieur Hermitte, à Espinasses (Hautes-Alpes), en 1885. Par suite de difficultés hypothécaires, la liquidation de la dépense a été retardée jusqu'à la fin de l'année 1889, et le payement n'a pu être effectué au titre des exercices clos avant le 31 décembre dernier. Mais le sieur Hermitte a adressé à différentes reprises à l'Administration des demandes de payement, et la déchéance quinquennale ne saurait lui être opposée.

MINISTÈRE DES TRAVAUX PUBLICS

Exercice 1885.

Budget ordinaire.

CHAPITRE 25. — *Ports maritimes, phares et fanaux. — Travaux ordinaires. (Entretien et grosses réparations)* . . . . 9 fr. »

Entretien du canal de Giowanlungo.

Réordonnancement demandé le 7 décembre 1889, c'est-à-dire avant la prescription.

Budget sur ressources extraordinaires.

CHAPITRE 8. — *Études et travaux de chemins de fer exécutés par l'État* . . . . 4.552 fr. 30

(Voir le projet de loi du 27 janvier 1890, page 159.)

CHAPITRE 11. — *Travaux de réfection et de parachèvement des lignes exploitées par l'Administration des chemins de fer de l'État* . . . . 9 fr. 54

Total général. . . . . 4.570 fr. 84

Nous nous sommes assurés que toutes les demandes relatives aux créances d'exercices périmés avaient été produites avant l'expiration de la période quinquennale, et que le retard de l'ordonnancement ou du payement résulte de faits imputables soit à l'Administration, soit à des circonstances indépendantes de la volonté des créanciers.

TITRE IV

Budgets annexes rattachés pour ordre au budget général de l'État.

(Art. 11 à 14 du projet de loi.)

MINISTÈRE DE LA JUSTICE ET DES CULTES

BUDGET ANNEXE DE LA GRANDE CHANCELLERIE DE LA LÉGION D'HONNEUR

Exercice 1890.

CHAPITRE 2. — *Succursale des loges. Matériel.* 4.000 fr.

Les motifs de cette demande de crédit ont été indiqués ci-dessus. (Chap. 30. *Ministère des finances. Traitements viagers des membres de la Légion d'honneur.*)

CHAPITRE 20. — *Dépenses des exercices périmés non frappées de déchéance.* . . . . 1.041 fr.

Rappel d'arrérages de traitement de la Légion d'honneur et de la Médaille militaire portant sur des exercices périmés. (Voir le projet de loi du 27 janvier 1890, p. 162.)

MINISTÈRE DU COMMERCE, DE L'INDUSTRIE ET DES COLONIES

Budget annexe.

BUDGET ANNEXE DE L'ÉCOLE CENTRALE DES ARTS ET MANUFACTURES

CHAPITRE 3. — *Exercice clos*. . . . . 270 fr.

Le receveur municipal, trésorier de la ville de Paris, vient de réclamer à l'Ecole centrale des arts et manufactures le payement d'une somme de 270 francs pour la taxe d'écoulement à l'égout des matières et des eaux vannes de cet établissement en 1887; cette réclamation tardive n'a pas permis de comprendre la somme au nombre des restes à payer de l'exercice 1887.

Il est donc nécessaire : 1° d'ouvrir au budget de l'École centrale des arts et manufactures de l'exercice 1890 (chap. 3, exercice clos) un crédit de 270 francs; 2° d'effectuer un prélèvement de pareille somme sur le crédit inscrit au chapitre 4 : *Versement à la réserve*.

PROJET DE LOI

TITRE PREMIER

Exercice 1890.

1° Budget ordinaire.

ARTICLE PREMIER.

Il est ouvert aux Ministres, au titre du budget ordinaire de l'exercice 1890, en addition aux crédits ouverts par la loi de finances du 17 juillet 1889, des crédits supplémentaires et extraordinaires s'élevant à la somme de dix-huit millions cent quatre-vingt-sept mille quatre cent quarante-huit francs treize centimes (18.187.448 fr. 13).

Ces crédits sont répartis par Ministère et par chapitre, conformément à l'état A annexé à la présente loi.

Il sera pourvu aux crédits ci-dessus au moyen des ressources générales du budget ordinaire de l'exercice 1890.

Art. 2.

Il est ouvert au Ministre de la Guerre, au titre du budget ordinaire de l'exercice 1890, un crédit extraordinaire de un million cinq cent mille francs (1.500.000 fr.) représentant les deux premières annuités de la dépense de construction d'une caserne destinée à remplacer la caserne Nicolaï et d'agrandissement du quartier de cavalerie de Grenelle. Ce crédit extraordinaire sera inscrit à un chapitre spécial portant le n° 61 et libellé : *Construction d'une caserne destinée à remplacer la caserne Nicolaï et agrandissement du quartier de cavalerie de Grenelle.*

Il sera pourvu au crédit ci-dessus au moyen des ressources générales du budget ordinaire de l'exercice 1890. A cet effet, les évaluations de recettes du budget ordinaire de l'exercice 1890 sont augmentées d'une somme de un million cinq cent mille francs (1.500.000 fr.) à prélever sur l'indemnité d'expropriation de 2.125.000 francs versée par la ville de Paris. Cette somme de un million cinq cent mille francs (1.500.000 fr.) sera portée en recettes aux produits domaniaux, sous le titre de : *Indemnité versée par la ville de Paris pour l'expropriation de la caserne Nicolaï.*

Art. 3.

Il est ouvert au Ministre du Commerce, de l'Industrie et des Colonies, au titre du budget ordinaire de l'exercice 1890, des crédits supplémentaires montant à la somme de quatre cent quatre-vingt-six mille huit cent vingt et un francs (486.821 fr.) applicables aux chapitres ci-après :

2e SECTION. — **Service des postes et télégraphes.**

QUATRIÈME PARTIE

Frais de régie, de perception et d'exploitation des impôts et revenus publics.

Chap. 5. — Traitements du personnel et indemnités à titre de traitement (Agents)	237.390 fr.
Chap. 6. — Traitements du personnel et indemnités à titre de traitement (Sous-agents).	19.590
Chap. 7. — Indemnités diverses et secours.	54.505
Chap. 9. — Matériel des bureaux. . . .	115.278
Chap. 10. — Impressions et publications.	2.560
Chap. 11. — Transport des dépêches postales.	14.643
Chap. 12. — Appareils et matériel technique d'exploitation.	480
Chap. 14. — Dépenses diverses	9.700
Chap. 24. — Personnel de l'Algérie. . .	27.880
Chap. 25. — Matériel de l'Algérie	4.795
Total.	486.821 fr.

ART. 4.

Les évaluations de recettes du budget ordinaire de l'exercice 1890, paragraphe 3, *Produits de monopoles et exploitations industrielles de l'État,* sont augmentées d'une somme de quatre cent quatre-vingt-six mille huit cent vingt et un francs (486.821 fr.), ainsi répartie :

Produits des postes.

France. — Recettes diverses et accidentelles	198.496 fr.	209.171 fr.
Algérie. — Recettes diverses et accidentelles	10.675	

Produits des télégraphes.

Remboursement par divers établissements du traitement d'agents du service postal et télégraphique	193.360 fr.	277.650 fr.
Recettes diverses et accidentelles	84.290	
Total égal		486.821 fr.

Art. 5.

Il est ouvert au Ministre des Travaux publics, au titre du budget ordinaire de l'exercice 1890, un crédit extraordinaire montant à la somme de cent cinquante mille francs (150.000 fr.), applicable au chapitre 46 : *Amélioration et achèvement des ports maritimes.*

Il sera pourvu au crédit ci-dessus au moyen des fonds de concours versés par les Chambres de commerce, villes, départements et autres intéressés reportés à l'exercice 1890, en somme égale aux crédits annulés par l'article 5 de la loi du 31 mai 1890.

Art. 6.

Sur les crédits ouverts au Ministre de la Guerre, au titre du budget ordinaire de l'exercice 1890, par la loi du 17 juillet 1889, une somme de six cent cinq mille cinq cents francs (605.500 fr.) est et demeure définitivement annulée, conformément à l'état B annexé à la présente loi.

Art. 7.

Les évaluations de recettes du budget ordinaire de l'exercice 1890 sont augmentées d'une somme de cinq cent quatre-vingt-huit mille quatre cent cinquante-trois francs dix centimes (588.453 fr. 10), à prélever sur le versement de 1,388.453 fr. 10 que la ville de Roubaix s'est engagée à effectuer à l'Etat pour la construction d'une École d'arts industriels. Cette somme de 588.453 fr. 10 sera portée en recettes aux *produits divers*, sous le titre de : *Versement de la ville de Roubaix pour la construction d'une école d'arts industriels.*

2° Budget extraordinaire.

Art. 8.

Il est ouvert au Ministre de la Guerre, au titre du budget des dépenses sur ressources extraordinaires de l'exercice 1890, des crédits extraordinaires s'élevant à la somme de vingt-deux millions neuf cent cinquante-six mille sept cent trente-deux francs quarante-deux centimes (22.956.732 fr. 42), applicables aux chapitres ci-après :

1° ANCIENNE DOTATION

Chap. 2. — Génie . .	1.943.488f 29	
Chap. 4. — Hôpitaux.	50.000 »	
Chap. 5. — Remonte et harnachement	315.928 52	
Chap. 12. — Télégraphie militaire	296.335 54	5.385.752f 35
Chap. 13. — Harnachement des chevaux de la cavalerie.	2.780.000 »	
A reporter.		5.385.752f 35

Report		5.385.752f 35

2° NOUVELLE DOTATION

Chap. 14. — Équipages de campagne	38.109f 14	17.570.980 07
Chap. 15. — Armement des places.	4.379 57	
Chap. 16. — Armement des côtes.	481.061 59	
Chap. 17. — Équipages de siège.	49.279 26	
Chap. 18. — Armes portatives.	378 49	
Chap. 19. — Cartouches.	424.058 42	
Chap. 20. — Dépenses diverses.	116.862 68	
Chap. 21. — Places de la frontière du Nord. .	998.800 »	
Chap. 22. — Frontières de l'Est	6.456.713 09	
Chap. 23. — Frontières du Sud-Est	1.863.519 35	
Chap. 24. — Ports et embouchures . :	868.674 15	
Chap. 25. — Magasins à poudre	252.195 19	
Chap. 26. — Amélioration, transports, procès et réserve.	843.172 70	
Chap. 27. — Bâtiments militaires	4.719.776 44	
Chap. 29. — Service de santé.	280.000 »	
Chap 31. — Télégraphie militaire et aérostation	104.000 »	
Chap. 32. — Cavalerie.	70.000 »	
Total.		22.956.732 42

Il sera pourvu aux crédits ci-dessus au moyen des ressources affectées :

1° Par imputation sur le produit de l'emprunt de 500 millions de 1886, aux crédits dont l'annulation est prononcée par l'article 7 de la loi du 31 mai 1890, jusqu'à concurrence de . . . . 5.385.752 fr. 35

2° Par imputation sur le produit de l'émission d'obligations du Trésor à court terme (émission de 1889), aux crédits dont l'annulation est prononcée par le même article de la loi du 31 mai 1890, jusqu'à concurrence de 17.570.980 07

Total égal. . . . . 22.956.732 fr. 42

TITRE II

Ouverture de crédits spéciaux d'exercices clos.

Art. 9.

Il est accordé aux Ministres, en augmentation des restes à payer des exercices clos de 1886, 1887 et 1888, des crédits supplémentaires pour la somme de cinq cent quatre-vingt-seize mille cinq cent soixante-dix-sept francs trente-sept centimes (596.577 fr. 37), montant de nouvelles créances constatées sur ces exercices, conformément à l'état C annexé à la présente loi.

Les Ministres sont, en conséquence, autorisés à ordonnancer ces créances sur le chapitre spécial ouvert pour les dépenses d'exercices clos au budget de l'exercice courant, conformément à l'article 8 de la loi du 23 mai 1834.

TITRE III

Ouverture de crédits spéciaux d'exercices périmés.

ART. 10.

Il est accordé aux Ministres, sur l'exercice courant, pour le payement des créances des exercices périmés, des crédits extraordinaires spéciaux montant à la somme de trente-quatre mille sept cent quarante-six francs soixante dix-sept centimes (34.746 fr. 77).

Ces crédits sont répartis entre les divers Ministères conformément à l'état D annexé à la présente loi.

Il sera pourvu à ces crédits au moyen des ressources générales du budget ordinaire de l'exercice courant.

TITRE IV

Budgets annexes rattachés pour ordre au budget général de l'État.

GRANDE CHANCELLERIE DE LA LÉGION D'HONNEUR

ART. 11.

Il est ouvert au Ministre de la Justice et des Cultes sur l'exercice 1890, au titre du budget annexe de la Grande

Chancellerie de la Légion d'honneur, des crédits supplémentaires s'élevant à quatre mille francs (4.000 fr.), applicables au chapitre 11 : *Succursale des Loges* (*Matériel*).

Il sera pourvu aux crédits ci-dessus au moyen des ressources prévues à l'article suivant.

ART. 12.

Les recettes du budget annexe de la Grande Chancellerie de la Légion d'honneur, pour l'exercice 1890, sont augmentées d'une somme de 4.000 francs à inscrire au chapitre 2 : *Supplément à la dotation.*

ART. 13.

Il est ouvert au Ministre de la Justice et des Cultes, au titre du budget annexe de la Grande Chancellerie de la Légion d'honneur, sur l'exercice courant pour le payement de créances des exercices périmés, des crédits extraordinaires spéciaux montant à la somme de mille quarante et un francs (1.041 fr.)

Il sera pourvu aux crédits ci-dessus au moyen des ressources propres audit budget annexe.

ÉCOLE CENTRALE DES ARTS ET MANUFACTURES

ART. 14.

Il est ouvert au Ministre du Commerce, de l'Industrie et des Colonies, au titre du budget annexe de l'École centrale des arts et manufactures, en augmentation des restes à payer de l'exercice clos 1887, un crédit supplémentaire de deux cent soixante-dix francs (270 fr.), montant de nouvelles créances constatées sur cet exercice.

Le Ministre du Commerce, de l'Industrie et des Colonies est autorisé, en conséquence, à ordonnancer ces créances sur le chapitre spécial ouvert pour les dépenses d'exercices clos au budget annexe de l'exercice courant, conformément à l'article 8 de la loi du 23 mai 1834.

ÉTATS ANNEXÉS

*Au projet de loi concernant : 1° l'***ouverture et l'annulation de crédits** *sur l'exercice 1890 ; 2° l'***ouverture de crédits spéciaux** *d'exercices clos et périmés ; 3° l'***ouverture de crédits** *afférents aux budgets annexes rattachés pour ordre au budget général de l'État.*

TABLEAU, par Ministères et par chapitres, des crédits supplémentaires et extraordinaires accordés sur le budget ordinaire de l'exercice 1890.

CHAPITRES	MINISTÈRES ET SERVICES	MONTANT DES CRÉDITS ACCORDÉS par chapitre.	par Ministère.
		fr. c.	fr. c.
	MINISTÈRE DES FINANCES		
	3e PARTIE. — *Services généraux des Ministères.*		
30	Traitements viagers des membres de la Légion d'honneur et des médaillés militaires	4.000 »	
46	Personnel de l'Administration centrale	89.900 »	
	4e PARTIE. — *Frais de régie, de perception et d'exploitation des impôts et revenus publics.*		
79 *bis*	Dérasement des fortifications déclassées de Calais	78.571 81	
79 *ter*	Nivellement des fortifications déclassées de Lyon	190.000 »	
83	Personnel de l'Administration des douanes	110.000 »	624.540 79
85	Dépenses diverses de l'Administration des douanes	120.000 »	
	5e PARTIE. — *Remboursements, restitutions, non-valeurs et primes.*		
108	Remboursements sur produits indirects et divers en Algérie	21.525 98	
112	Répartition des produits du séquestre entre les victimes des incendies des forêts d'Algérie en 1877	10.543 »	
	MINISTÈRE DE LA JUSTICE ET DES CULTES		
	1re *Section.* — *Service de la justice.*		
13	Personnel de la justice française en Algérie	5.200 »	5.200 »
	2e *Section.* — *Service des Cultes.*		
1	Personnel des bureaux des cultes	20.000 »	21.500 »
2	Matériel des bureaux des cultes	1.500 »	
	A reporter	651.240 79	651.240 79

TABLEAU, par Ministères et par chapitres, des crédits supplémentaires et extraordinaires accordés sur le budget ordinaire de l'exercice 1890 (Suite).

CHAPITRES	MINISTÈRES ET SERVICES	MONTANT DES CRÉDITS ACCORDÉS par chapitre.	MONTANT DES CRÉDITS ACCORDÉS par Ministère.
		fr. c.	fr. c.
	Report	651.240 79	651.240 79
	MINISTÈRE DE L'INTÉRIEUR.		
	1re *Section. — Service de l'Intérieur.*		
	3e PARTIE. — *Services généraux des Ministères.*		
1	Traitement du Ministre, traitements et indemnités du personnel de l'Administration centrale	8.600 »	116.292 34
2	Matériel et dépenses diverses de l'Administration centrale	15.000 »	
9	Entretien des tombes militaires. (Loi du 4 avril 1873.)	20.000 »	
43	Matériel de l'établissement thermal d'Aix	25.000 »	
71	Travaux de réfection du palais de justice d'Amiens.	12.500 »	
74	Construction au lazaret de Marseille	10.192 34	
75	Protection des enfants abandonnés, délaissés ou maltraités	25.000 »	
	MINISTÈRE DE LA GUERRE		
10	États-majors	58.000 »	8.872.038 13
11	Écoles militaires. (Personnel.)	109.842 »	
15	Solde de la cavalerie	502.950 »	
16	Solde de l'artillerie	1.005.359 »	
22	Vivres. (Matériel d'exploitation.)	404.492 »	
24	Fourrages	988.881 »	
26	Service de santé. (Matériel d'exploitation.)	109.502 »	
29	Habillement et campement. (Matériel d'exploitation.)	610.633 70	
30	Lits militaires	780.000 »	
32	Recrutement	50.000 »	
33	Réserve et armée territoriale	100.000 »	
36	Remonte générale	2.361.614 »	
38	Harnachement	156.400 »	
51	Construction de la nouvelle enceinte et des forts détachés de Lyon	1.215.000 »	
55	Construction d'une nouvelle manutention militaire du temps de paix à Nice	100.000 »	
56	Aliénation de l'ex-capsulerie de Montreuil	220.375 »	
57	Amélioration du service de l'artillerie dans la place de Bône	20.000 »	
59	Déclassement d'une partie des anciennes fortifications de Grenoble	14.048 18	
60	Reconstruction de fortifications dans le quartier de la Rhode et au nord du fossé du Party à Toulon	64.941 25	
	A reporter	9.639.571 26	9.639.571 26

TABLEAU, par Ministères et par chapitres, des crédits supplémentaires et extraordinaires accordés sur le budget ordinaire de l'exercice 1890 (Suite).

CHAPITRES	MINISTÈRES ET SERVICES	MONTANT DES CRÉDITS ACCORDÉS par chapitre.	MONTANT DES CRÉDITS ACCORDÉS par Ministère.
		fr. c.	fr. c.
	Report.	9.639.571 26	9.639.571 26
	MINISTÈRE DE LA MARINE		
19	Achats de bâtiments neufs à l'industrie	778.125 »	5 528.125 »
23	Torpilles.	250.000 »	
24 *bis*	Travaux extraordinaires de défense des ports militaires	4.500.000 »	
	MINISTÈRE DE L'INSTRUCTION PUBLIQUE ET DES BEAUX-ARTS		
	1re *Section. — Service de l'Instruction publique.*		
16	École française d'Athènes	17.000 »	274.713 05
22	Observatoire d'astronomie physique de Meudon. . . .	210.580 55	
23	Observatoires des départements.	26.700 »	
59	Publication des œuvres de Fermat.	20.432 50	
	2e *Section. — Service des Beaux-Arts.*		
21	Manufacture nationale des Gobelins	7.500 »	543.775 »
47	Institut agronomique	360.000 »	
48	Location d'une salle pour l'Opéra-Comique.	80.000 »	
54	Réfection des bâtiments de la manufacture nationale des Gobelins	96.275 »	
	MINISTÈRE DU COMMERCE, DE L'INDUSTRIE ET DES COLONIES		
	1re *Section. — Service du Commerce et de l'Industrie.*		
2	Matériel et dépenses diverses de l'Administration centrale.	35.398 »	51.700 82
26	Vérification des alcoomètres	1.000 »	
32	Publication des résultats statistiques du dénombrement de l'Algérie et du dénombrement des Français à l'étranger.	3.000 »	
34	Expositions internationales de 1888	12.302 82	
	A reporter.	16.037.885 13	16.037.885 13

TABLEAU, par Ministères et par chapitres, des crédits supplémentaires et extraordinaires accordés sur le budget ordinaire de l'exercice 1890. (Suite.)

CHAPITRES	MINISTÈRES ET SERVICES	MONTANT DES CRÉDITS ACCORDÉS par chapitre.	MONTANT DES CRÉDITS ACCORDÉS par Ministère.
		fr. c.	fr. c.
	Report	16.037.885 13	16.037.885 13
	MINISTÈRE DU COMMERCE, DE L'INDUSTRIE ET DES COLONIES (*Suite*).		
	2e *Section. — Postes et Télégraphes.*		
	3e PARTIE. — *Services généraux des Ministères.*		
1	Traitement du directeur général et personnel de l'Administration centrale	24.300 »	
	4e PARTIE. — *Frais de régie, de perception et d'exploitation des impôts et revenus publics.*		
5	Traitements du personnel et indemnités à titre de traitements. (Agents.)	242.550 »	
6	Traitements du personnel et indemnités à titre de traitement. (Sous-agents.)	176.400 »	1.010.763 »
7	Indemnités diverses et secours	6.415 »	
8	Chaussures et habillement	18.358 »	
9	Matériel des bureaux	800 »	
14	Dépenses diverses	5.220 »	
21	Subvention au service maritime de l'Australie et de la Nouvelle-Calédonie	6.720 »	
26 *ter.*	Établissement d'un second câble sous-marin entre le continent et la Corse	530.000 »	
	3e *Section. — Service colonial.*		
6	Personnel du service militaire aux colonies	319.800 »	
10	Vivres	95.000 »	
13	Matériel. (Services civils.)	25.000 »	
15	Dépenses diverses et d'intérêt général	42.000 »	519.300 »
15 *bis*	Subvention à la Compagnie *Eastern Telegraph*, pour l'établissement et l'exploitation d'un câble sous-marin entre Obock et Perim	37.500	
	MINISTÈRE DE L'AGRICULTURE		
	3e PARTIE. — *Services généraux des Ministères.*		
38 *bis*	Reconstruction du barrage des Grands Cheurfas	150.000 »	150.000 »
	MINISTÈRE DES TRAVAUX PUBLICS		
	2e *Section. — Travaux extraordinaires.*		
41 *bis*	Réparation des avaries causées par les inondations de 1886 aux routes nationales, aux ouvrages de navigation et aux digues de défense construites par des associations syndicales	469.500 »	469.500 »
	TOTAL de l'état A	18.187.448 13	18.187.448 13

TABLEAU, par Ministères et par chapitres, des crédits annulés sur le budget ordinaire de l'exercice 1890.

CHAPITRES	MINISTÈRES ET SERVICES	MONTANT DES CRÉDITS ANNULÉS par chapitre.	MONTANT DES CRÉDITS ANNULÉS par Ministère.
		fr. c.	fr. c.
	MINISTÈRE DE LA GUERRE.		
24	Fourrages	500.000 »	
29	Habillement et campement. (Matériel d'exploitation.)	100.000 »	605.500 »
30	Lits militaires	5.500 »	
	TOTAL de l'état B.	605.500 »	605.500 »

TABLEAU, par Ministères, des crédits supplémentaires accordés pour dépenses d'exercices clos.

MINISTÈRES ET SERVICES	CRÉDITS accordés.
	fr. c.
Ministère des Finances	1.500 »
Ministère des Affaires étrangères	74.348 33
Ministère de l'Intérieur	1.379 66
Ministère de la Guerre	15.379 83
Ministère de la Marine	14.737 09
Ministère de l'Instruction publique et des Beaux-Arts :	
1re Section. — Service de l'Instruction publique	2.887 08
2e Section. — Beaux-Arts	1.343 94
Ministère du Commerce, de l'Industrie et des Colonies :	
3e Section. — Service colonial	199.096 30
Ministère de l'Agriculture	453 90
Ministère des Travaux publics	285.451 24
TOTAL de l'état C	596.577 37

[ÉTAT D.] **Exercices périmés.**

TABLEAU, par Ministères, des crédits extraordinaires spéciaux accordés pour dépenses d'exercices périmés.

MINISTÈRES ET SERVICES		CRÉDITS accordés.
		fr. c.
Ministère des Finances		521 91
Ministère des Affaires étrangères		8.721 66
Ministère de l'Intérieur		527 73
Ministère de la Guerre		8.415 35
Ministère de la Marine		676 77
Ministère de l'Instruction publique et des Beaux-Arts :		
1re Section. — Service de l'Instruction publique		2.650 »
2e Section. — Service des Beaux-Arts		15 »
Ministère du Commerce, de l'Industrie et des Colonies.	1re Section. — Commerce et Industrie	93 69
	3e Section. — Service des Colonies	1.342 32
Ministère de l'Agriculture		7.211 50
Ministère des Travaux publics		4.570 84
Total de l'État D		34.746 77

25287

PARIS. — IMPRIMERIE DU SÉNAT, PALAIS DU LUXEMBOURG. — P. MOUILLOT.

PARIS, P. MOUILLOT, IMPRIMEUR DU SÉNAT — 25287

www.ingramcontent.com/pod-product-compliance
Lightning Source LLC
Chambersburg PA
CBHW071912200326
41519CB00016B/4584
9782013512220